Schöningh

EinFach Englisch

Unterrichtsmodell

Cultures in Conflict?

Literature on Ethnic Relationships

Edited by Karl Heinz Wagner
and Anke Simon

Series Editor:
Hans Kröger

Einzelarbeit

Partnerarbeit

Gruppenarbeit

Unterrichtsgespräch

Schreibauftrag

Hausaufgabe

filmische Präsentation

Projekt, offene Aufgabe

kreative Aufgabe

szenisches Spiel, Rollenspiel

Vorwort

Der Titel der Reihe **EinFach Englisch** verdeutlicht Zielsetzung und Programm zugleich. Einerseits soll Schülerinnen und Schülern auf einfache Art und Weise der Zugang zu klassischen, aber auch neuen literarischen Werken und Filmen ermöglicht werden, andererseits sollen Lehrerinnen und Lehrern in der Praxis erprobte Unterrichtsmodelle angeboten werden, die die wichtigsten methodisch-didaktischen Ansätze ihres Faches Englisch abdecken. Dabei sind die Modelle direkt, ohne langes Einlesen einsetzbar und stellen Unterrichtsarbeit konkret vor. Als besonders hilfreich für die Praxis haben sich dabei folgende Aspekte erwiesen, die für die Gestaltung der Reihe wesentlich sind:

- Überblick über **Figurenkonstellation**, ggf. **Filmszenen** und **Inhalt**
- **Klausuren** mit **Erwartungshorizont**
- **Arbeitsblätter, Tafelbilder** und **Leitfragen** für den Unterricht
- **Piktogramme** als Hinweise auf **Unterrichts-** und **Arbeitsformen**

Das Prinzip der „**Components**" ermöglicht darüber hinaus den variablen Einsatz der Modelle in unterschiedlich konzipierten Unterrichtsreihen. Dabei stehen Machbarkeit und Praxisnähe stets im Vordergrund.

Das vorliegende Modell bezieht sich auf folgende Textausgabe und Audio-CD:
- **Textausgabe: Cultures in Conflict? – Literature on Ethnic Relationships, Paderborn: Schöningh Verlag 2006, Best.-Nr. 041218**
- **Audio-CD: Cultures in Conflict? – Literature on Ethnic Relationships, Paderborn: Schöningh Verlag 2007, Best.-Nr. 062407**

Sprachliche Betreuung: Simone Duxbury-Ziemer

www.schoeningh-schulbuch.de
Schöningh Verlag, Jühenplatz 1–3, 33098 Paderborn

Druck 5 4 3 2 / Jahr 2012 11 10 09
Die letzte Zahl bezeichnet das Jahr dieses Druckes.

Umschlaggestaltung: Jennifer Kirchhof
Druck und Bindung: Media-Print Informationstechnologie GmbH, Paderborn

ISBN 978-3-14-041220-9

Getting started

Look at the illustration and jot down what you associate with it. Then link your ideas and observations with the headlines of some of the chapters. Be prepared to present your findings in a short statement.

Cultures in Conflict?

Component 2 (Fortsetzung)

Component 3: The colonial heritage: Multi-ethnicity in the United Kingdom 89

Component 4: Multi-ethnicity: A global phenomenon 103

Die Textsammlung Cultures in Conflict? – Literature on Ethnic Relationships

Der Band ist in drei Themenbereiche gegliedert: *Ethnicity and identity*, *Multi-ethnicity in the English-speaking world* (unterteilt in Vereinigte Staaten und Vereinigtes Königreich) und *Multi-ethnicity: A global phenomenon*. Alle Texte spiegeln die Vielfalt der Wahrnehmung interkultureller Probleme wider. Neben Geschlecht und individueller Biografie ist es vor allem die Nationalität der Autorinnen und Autoren – gelegentlich überdeckt durch die ihnen allen gemeinsame englische Sprache –, die den Perspektivenwechsel in der Darstellung der Themen bedingt. Neben dem weiten Spektrum der Themen geht es auch darum, die Formenvielfalt wenigstens ansatzweise zu repräsentieren; so stehen neben zumeist narrativen Texten in Auszügen (bei Malamud und Barnes sogar ungekürzt) auch Beispiele für Kurzdrama und Lyrik, einschließlich eines Songs. Die meisten Texte sind jüngeren Datums; aber auch die historische Perspektive des Problems ist durch einen Text aus dem 19. Jahrhundert repräsentiert. Zwei grundlegende literarische Texte über den Zusammenhang zwischen Ethnizität und Identität und über Ethnizität und weltweiten Terrorismus eröffnen bzw. beschließen das Literaturangebot; selbstverständlich sind sie unter motivationalen Gesichtspunkten als Einstieg oder Zusammenfassung austauschbar. Die beiden Beispiele (populär-) wissenschaftlicher Prosa nähern sich dem Phänomen der Migration argumentativ und ergänzen dadurch den literarischen Zugriff auf Wirklichkeit (vgl. auch das Nebeneinander beider Formen der Darstellung in den Klausurbeispielen).

Drei große Textgruppen lassen sich bei aller Verschiedenheit der einzelnen Texte ausmachen. Zur ersten Gruppe gehören die Texte amerikanischer Autoren unterschiedlicher ethnischer Herkunft, von der afro-amerikanischen Autorin über die *Native Americans* bis hin zu den jüdisch-amerikanischen, asiatisch-amerikanischen (mit der gebotenen Differenzierung zwischen vietnamesischer, chinesischer und japanischer Herkunft) und mexikanisch-amerikanischen Autorinnen und Autoren. In ihren Texten zeigt sich auch, wie eng nationale, ethnische, kulturelle, religiöse und zuweilen geschlechtsspezifische Aspekte miteinander verquickt sind. Die zweite Textgruppe wird durch die koloniale und post-koloniale Klammer des früheren *Commonwealth* zusammengehalten, wobei zwei Richtungskonstanten auffallen: die religiös-weltanschauliche Auseinandersetzung zwischen West und Ost und die Selbstbehauptung der sich ihre Identität „erschreibenden" Frauen. Eine dritte Gruppe von Texten verlagert die interkulturelle Diskussion auf einen japanischen, chinesischen und indischen Schauplatz und demonstriert so die Allgegenwärtigkeit der Problematik.

Am Ende des Textbandes liefern Kurzbiografien Informationen über die Autorinnen und Autoren der einzelnen Texte. Vokabelhilfen und Hinweise zum Umgang mit den Texten und zu ihrer Analyse wollen dazu beitragen, die Textsammlung zugleich zu einem *user-friendly workbook* zu machen.

Die Inhalte

1. Bernard Malamud, *The Lady of the Lake* (1953) S. 8–28

Henry Levin, ein junger New Yorker jüdischer Abstammung, reist nach Europa, in der Hoffnung, dort eine Frau zu finden. In Italien verliebt er sich in Isabella. Als Isabella ihn fragt, ob er Jude sei, verneint Henry, der seit seiner Ankunft in Europa den Nachnamen Freeman benutzt. Nach mehreren Begegnungen erfährt Henry, dass Isabella nicht die reiche Adlige ist, für die sie sich am Anfang ausgegeben hat. Trotz seiner Enttäuschung darüber beschließt Henry, ihr einen Heiratsantrag zu machen. Bevor er diesen aussprechen kann, fragt ihn Isabella noch einmal, ob er Jude sei. Wieder verneint er und fragt, warum sie dies wissen wolle. Isabella erzählt ihm, dass sie einer jüdischen Familie angehörte, die die Zeit im Konzentrationslager Buchenwald überlebt habe, und dass ihr ihre Herkunft sehr wichtig sei. Henry begreift, dass er durch die Leugnung seiner Identität das eigene Lebensglück zerstört hat. Noch bevor er etwas sagen kann, ist Isabella verschwunden.

2. Michael Blake, *Dances with Wolves* (1988) S. 29–34

Roman und Film erzählen die Geschichte von Leutnant John Dunbar, der sich nach seiner Verwundung im Bürgerkrieg auf einem verlassenen Außenposten im Westen stationieren lässt und sich in seiner Abgeschiedenheit mit einem Wolf anfreundet. Der Außenseiter weckt die Neugierde seiner Nachbarn, der Komantschen. In dem Maß, in dem sich Dunbar mit ihnen anfreundet, entfremdet er sich von den Weißen. Er muss erfahren, dass er seine indianischen Freunde nicht vor dem Zugriff der Armee und vor dem Anspruch der weißen Siedler auf das Territorium der Komantschen schützen kann. Schließlich muss er selbst mit seiner indianischen Frau Stands with a Fist, ursprünglich einer Weißen, und ihrem gemeinsamen Kind vor der anrückenden Armee fliehen.
Der Textauszug handelt von der Begegnung John Dunbars mit Stands with a Fist, Dunbars Erlernen der Sprache der Komantschen und der sprachlichen und kulturellen Mittlerrolle beider, ihrer gefährdeten Brückenfunktion zwischen den Kulturen.

3. Buffy Sainte-Marie, *Now that the Buffalo's Gone* (1964) S. 34–35

Die Autorin und Sängerin führt das bei Blake vorgestellte Thema der Vertreibung der *Native Americans* von ihrem Land, der Zerstörung ihrer Lebensgrundlage, am Bild von der Vernichtung der Büffelherden fort. Einzelne Motive werden vorgestellt: der Stolz so mancher weißer Amerikaner auf indianisches Blut, das gewachsene Bewusstsein der Nation vom Unrecht an der Urbevölkerung, von Kampf und Vernichtung der Indianer, die ihnen nicht einmal ihre Würde (wie etwa bei den geschlagenen Deutschen) ließen, die Vergeblichkeit aller Verträge, die von Politikern geschlossen und doch immer wieder gebrochen wurden.

4. Simon J. Ortiz, *The Killing of a State Cop* (1975) S. 35–41

Die im Südwesten der Vereinigten Staaten angesiedelte Kurzgeschichte berichtet von Felipes Rache an Luis Baca. Felipe ist (ganz offensichtlich missionierter) Indianer, war bei den Marines, lebt nun im Reservat, aus dem er zuweilen ausbricht, um sich in der Stadt zu vergnügen. Luis Baca ist *state policeman* mexikanischer Abstammung, der seinen Hass auf die nach seiner Auffassung unter ihm stehenden Indianer an Felipe auslässt. Die offensichtlich jahrelange Terrorisierung durch den Polizisten hat in Felipe Aggressionen angestaut, die sich nach neuerlicher Beleidigung durch Baca in Gewalt entladen. Das Verhältnis von Peiniger und

Gepeinigtem, von Jäger und Gejagtem wird umgekehrt: Felipe und dessen Bruder locken Baca auf dem Territorium, auf dem sie zu Hause sind, in einen Hinterhalt und töten ihn.

5. Gay Talese, *The Bridge* (1987) S. 41–42

Talese schildert die Lebensbedingungen der *urban Indians*, die sich den Lebensbedingungen ihrer Vorfahren entfremdet haben und als *migrant workers* im Brückenbau und beim Bau der Wolkenkratzer ihren Lebensunterhalt verdienen. Längst sind die *man-made mountains* an die Stelle ihrer natürlichen Lebensräume getreten, teilen sie wie ihre weißen Mitbürger das Schicksal von Wanderarbeitern fern von ihren Familien. Wie sehr sie sich von ihren Ursprüngen entfernt haben, zeigt sich im Bild ihrer mit Dollarscheinen spielenden Kinder. Der Wunsch nach mehr Familienleben erweist sich angesichts der wirtschaftlichen Zwänge als illusorisch. Wie in Ortiz' Kurzgeschichte spielt der Alkoholkonsum im Alltag der Männer eine bedeutende Rolle, doch die Integration der *Native Americans* als *ironworkers* in das Wirtschaftsleben verleiht ihnen Stolz und ein großes Selbstwertgefühl.

6. Harriet Jacobs, *Scenes at the Plantation* (1861) S. 43–47

In diesem Kapitel aus ihrer Autobiografie beschreibt Harriet Jacobs, Mutter zweier Kinder, ihre Arbeit als Sklavin im Haus von Mr. Flint. Während sich ihr kranker Sohn bei der zwölf Meilen entfernt wohnenden Großmutter aufhält, ist ihre Tochter Ellen bei ihr. Regelmäßig macht sie sich nachts heimlich auf den Weg zu ihrem Sohn. Um ihre Kinder vor einer Zukunft als Sklaven zu bewahren, beschließt sie eines Tages zu fliehen.

7. Harper Lee, *To Kill a Mockingbird* (1960) S. 47–49

Der Rechtsanwalt Atticus Finch hat die Verteidigung von Tom Robinson übernommen, eines wegen Vergewaltigung einer weißen Frau angeklagten Afro-Amerikaners. Als die Kinder des Rechtsanwalts, Jem und Scout, deswegen in der Schule von Klassenkameraden provoziert werden, versucht Finch, den beiden fundamentale Werte im menschlichen Miteinander zu vermitteln und sie doch zugleich auf menschliche Schwächen und sogar das Versagen bürgerlicher Institutionen vorzubereiten.

8. Waring Cuney, *No Images* (1926) S. 49–50

Cuneys Gedicht spielt mit den Vorstellungen, die der Leser mit *image* im konkreten und im übertragenen Sinn verknüpft. Lange vor den sechziger Jahren, in denen der Slogan „Black is beautiful" das neue Selbstbewusstsein der afro-amerikanischen Mittelschicht formulierte, beschreibt der Dichter Nichtwissen und Missverstehen bezüglich der eigenen Schönheit und Würde, hier speziell der Frau, als Grund für die öffentliche Fehleinschätzung. Das könnte sich ändern, **wenn** sie sich im natürlichen Umfeld (*naked, palm trees, river*) ihres Bildes bewusst würde. Aber im zivilisatorischen und gesellschaftlichen Kontext (*no palm trees, street, dish water*) ist ein positives Bild/Selbstbild unmöglich.

9. Langston Hughes, *I, too, Sing America* (1952) S. 50

Auch Hughes' Gedicht greift das Mofiv des Schönen (aber eher beiläufig: *besides*) auf. Entscheidend ist der Prozess gesellschaftlicher Anerkennung, der sich zwischen den Polen der musikalischen und folkloristischen Äußerung (***sing** America*) und dem Anspruch auf amerikanische Identität (***am** America*) vollzieht. Gesellschaftliche Segregation wird zur körperlichen und geistigen Stärkung genutzt und die gesellschaftliche Integration wird selbstbewusst ertrotzt.

10. Kurt Vonnegut, Jr., *Adam* (1969) S. 51–57

Der Jude Heinz Knechtmann hat gemeinsam mit seiner Frau Avchen das Konzentrationslager überlebt und lebt nun mit ihr in Chicago. Im Krankenhaus wartet er auf die Geburt seines ersten Kindes. Überglücklich über die Geburt seines Sohnes versucht er, seine Freude mit anderen Menschen zu teilen, schafft es aber nicht, wirklich mit ihnen zu kommunizieren. Erst als er am nächsten Morgen mit Avchen reden darf, merkt er, dass diese ihn versteht: Für beide ist Adam, ihr Sohn, ein Zeichen ihrer Lebendigkeit und der Beginn eines neuen Lebens.

11. Lan Cao, *Monkey Bridge* (1997) S. 58–61

Die aus Vietnam stammende Ich-Erzählerin dieses Romanauszuges hat perfekt Englisch gelernt und hilft nun ihrer Mutter und deren Freundinnen, sich im amerikanischen Alltag, in dem sie oft mit Kommunikationsproblemen und Missverständnissen konfrontiert sind, zurechtzufinden. Gleichzeitig lernt sie die „vietnamesische Version des Amerikanischen Traums" kennen, als sie sieht, mit welcher Unbekümmertheit sich die Generation ihrer Mutter in den USA eine neue Identität schafft.

12. Amy Tan, *Harold and I* (1989) S. 61–65

Der Romanauszug beschreibt Phasen der Entwicklung einer chinesisch-amerikanischen Partnerschaft, sowohl im Privaten als auch im Geschäftlichen, aus der Sicht der chinesisch-amerikanischen Frau als Ich-Erzählerin. Sie zeigt nicht nur die Entwicklung der Liebesbeziehung von der Leidenschaftlichkeit der ersten Begegnungen bis zu den Frustrationen des Ehealltags, sondern sie beschreibt auch Stationen einer beruflichen Partnerschaft, die mehr und mehr in Widerstreit mit der ehelichen Gemeinschaft gerät.

13. David Guterson, *Snow Falling on Cedars* (1995) S. 66–68

In diesem Roman geht es um Japan-Amerikaner der ersten und zweiten Generation im historischen Kontext der Spätfolgen des japanischen Angriffs auf Pearl Harbor im Jahr 1941, in dessen Gefolge amerikanische Männer japanischer Herkunft die Kriegsjahre in Internierungslagern verbrachten und japanisch-amerikanische Bürger auch nach dem Zweiten Weltkrieg noch ausgegrenzt und diskriminiert wurden. Der Roman verfolgt zwei thematische Handlungsstränge, die Liebe zwischen der japanstämmigen Hatsue und dem Amerikaner Ishmael und den Prozess, in dem sich Kabuo, inzwischen Ehemann von Hatsue, wegen Mordes verantworten muss. Als Berichterstatter geht Ishmael den vermeintlichen Spuren des Mordes nach, überwindet seine persönliche Abneigung gegen den Rivalen und trägt schließlich durch seine Ermittlungen zu dessen Freispruch bei.
In dem vorliegenden Auszug lässt der Autor Hatsue und ihre Mutter, die sich auf einen fernöstlichen, speziell japanischen Wertekatalog beruft, ihre gegensätzlichen Positionen im Dialog vertreten.

14. Sandra Cisneros, *No Speak English* (1984) S. 69–70

Sandra Cisneros' Geschichte über die nicht gelingen wollende Integration einer mexikanischen Einwanderin ins südliche Kalifornien wird aus der Sicht eines Latino-, genauer: Chicano-Erzählers berichtet. Mamacitas Unfähigkeit oder Weigerung, sich den neuen Lebensbedingungen in einem neuen Land anzupassen oder zumindest anzunähern, wird in Beziehung gesetzt zur offensichtlich gelungenen Eingewöhnung bzw. Integration in die amerikanische Gesellschaft und den amerikanischen Arbeitsmarkt ihres schon früher eingewanderten Mannes und die eher imitative Eingewöhnung ihres kleinen Kindes. Nicht ohne Ironie beschreibt der offensichtlich jugendliche mexikanisch-amerikanische Erzähler, woran die Integration der Frau im Einzelnen zu scheitern droht (Verweigerung aller sozialen Kontakte, Ablehnung der fremden Sprache und Kultur, nostalgisches Verhältnis zu ihrem Ursprungsland mit seiner anderen Kultur).

15. T. Coraghessan Boyle, *The Tortilla Curtain* (1996) S. 70–71

Boyles Romanauszug behandelt die problematische Situation der illegalen mexikanischen Einwanderer in Süd-Kalifornien. Der Leser erhält einen Einblick in die beinahe hoffnungslose Situation von Cándido und seiner jungen Braut América. Das Elend des jungen Paares, das ein Baby erwartet, wird einerseits seinem bescheidenen *American Dream* mit sauberer Kleidung, einer einfachen Wohnung und vor allem einem festen Job, andererseits den allgemeinen Lebensbedingungen in Mexiko mit extrem hoher Arbeitslosigkeit, Korruption, Inflation und Armut gegenübergestellt. Der Auszug klingt aus in Cándidos Kritik an den *norteamericanos*, die ihm Arbeit verweigern, ihm seinen Anteil am Reichtum vorenthalten, während sie selbst im Überfluss in ihren abgeschlossenen Siedlungen wohnen.

16. Abelardo Delgado, *stupid america* (1969) S. 72

Delgados Gedicht greift den anklagenden, kämpferischen Ton des vorangegangenen Textauszugs auf. Es thematisiert, wie die Chicanos, die aus Mexiko eingewanderten Mitbürger, von den Amerikanern überwiegend wahrgenommen werden, nämlich als Kriminelle, Verhaltensauffällige und Ungebildete, worin sich die Verblendung der Amerikaner ausdrückt. Diese Fehldeutung macht die Amerikaner wiederum unfähig, das künstlerische Potenzial der jungen Chicanos als Bildhauer/Holzschnitzer religiöser Motive, als Lyriker und als Maler epochaler westlicher Kunst (vgl. Hinweis auf Picasso) zu erkennen, worin sich andererseits ein klischeehaftes Autostereotyp der Mexikaner ausdrückt.

17. Gloria Anzaldúa, *To live in the Borderlands means you* (1999) S. 72–73

Das Gedicht liefert eine Art Definition der Vielfalt und Widersprüchlickeit dessen, was Leben in einer Grenzregion, hier beispielhaft dem südkalifornischen Grenzgebiet zwischen Mexiko und den USA, konkret und übertragen bedeutet. Das sich ständig englisch und spanisch wiederholende *To live in* wird in der sechsten Strophe unterbrochen, um den Grenzbewohner selbst als das Schlachtfeld zu deuten, das ihn in militärischem Jargon „verwundet, vermisst, tot, kämpfend" zurücklässt, um ihn abschließend durch die Mühle zu jagen, sein Äußeres, sein Wesen, sein Herz zu zermahlen und wie lebloses Brot auszurollen. Der abschließende Dreizeiler reduziert „Leben" zu „Überleben", das nur ohne Grenzen, als Kreuzung und als Übergang möglich ist.

18. Hanif Kureishi, *The Buddha of Suburbia* (1990) S. 74–79

Im Romantitel klingt bereits die Gegensätzlichkeit östlicher Spiritualität und westlicher Verweltlichung an, die im Titelhelden, Haroon Amir, personifiziert ist und über dessen Leben aus der Perspektive des Sohnes Karim berichtet wird. Von Karim erfahren wir, wie Haroon und sein Vetter Anwar als Kinder aus der privilegierten, anglophilen indischen oberen Mittelschicht nach England aufbrechen, um dort zu studieren. Im Gegensatz zu ihrer Heimat Indien lernen sie in ihrem zuvor idealisierten England die Niederungen der Realität kennen. Schnell ist die Vorstellung, „to return to India a qualified and polished English gentleman lawyer", über Bord geworfen; sie werden sesshaft und heiraten, Haroon ein Mädchen aus der englischen Arbeiterschicht, Anwar ein ihm von der Familie ausgesuchtes Mädchen aus

Indien. Während Anwar und Jeeta als Ladenbesitzer sich weitgehend der westlichen Lebensweise anpassen und materiell erfolgreich sind, fristet Haroon als kleiner Beamter mit seiner Frau Margaret und seinen Kindern ein bescheidenes Dasein, dem er durch Eintauchen in chinesische Philosophie und esoterische Lebensalternativen zu entfliehen trachtet.

19. Meera Syal, *Anita and Me* (1996) S. 79–81

Wie auch Hanif Kureishi in seinem Roman *Buddha of Suburbia* (siehe oben) lässt die Autorin ein Kind in einer Art Dialog mit der Mutter von den Schwierigkeiten der Anpassung an ein Leben in der Fremde erzählen. Es ist ein wehmütiger Blick zurück, der das einfache, naturverbundene Leben auf dem Lande im indischen Punjab, das wegen der religiösen Differenzen zwischen Hindus und Muslimen bald geteilt werden sollte, mit der Tristesse englischer Vorstädte kontrastiert. Der Traum vom eigenen Heim erfüllt sich in aller Bescheidenheit und ist doch kaum mehr als ein Reflex der Idylle der verlassenen Heimat. Anita, die Tochter, begreift angesichts der Karriere ihrer Mutter in Indien, was diese aufgegeben hat und doch hier in England wiederherstellen möchte. Sie beneidet sie selbst um die gewalttätige Rikscha-Episode, ohne eigentlich zu begreifen, dass die vorher beschriebene Idylle des Landlebens nur um den Preis der Gewalt zu haben war, die damit, von anderen wie z. B. sozialen Gründen abgesehen, als Motiv für die Emigration angedeutet wird.

20. Atima Srivastava, *Looking for Maya* (1996) S. 81–84

Mira, die indisch-britische Ich-Erzählerin ist Universitätsabsolventin und mit einem Literaturpreis ausgezeichnet worden. Im Haus der Eltern ihres englischen Freundes begegnet sie Amrit, einem arrivierten englischen Autor indischer Abstammung. Im Gespräch mit ihm wird ihr in einer Art „odd kinship" bewusst, was sie beide miteinander gemeinsam haben: die Vertrautheit mit der indischen Kultur, mit der Mentalität der verschiedenen Volksgruppen, mit den Nuancen der Sprachen und Dialekte, mit der Verflechtung von Hinduismus und Islam und der noch immer andauernden Bedeutung des Kastenwesens. Auf exemplarische Weise wird in Miras Verhalten der indische Verhaltenskodex mit seiner konventionellen Zurückhaltung und Euphemisierung, vor allem in früheren Zeiten, thematisiert, die ganz im Widerspruch steht zur westlichen Freizügigkeit, am besten belegt durch Miras Verhalten gegenüber ihren Mitstudenten bzw. in ihrer indischen Großfamilie.

21. John Agard, *Oxford Don* (1972) S. 85–86

In diesem Gedicht geht es im wahrsten Sinn des Wortes um den Kampf des ungebildeten Einwanderers mit den Tücken der englischen Sprache und mit jener englischen Gesellschaft, die Beherrschung des Standards und sprachliche Korrektheit zu einem Kriterium gesellschaftlicher Akzeptanz macht. Der militante Ton des ganzen Gedichts unterstreicht das neue Selbstbewusstsein der karibischen Einwanderer, die mit ihrem als Substandard abgewerteten Caribbean English dem Standard English, speziell in der Variante des Oxford English, den Krieg erklären.

22. John Agard, *checking out me history* (1989) S. 86–87

Dieses Gedicht stellt britischer Geschichtsschreibung als Interpretation der nationalen Geschichte im Dienst einer nationalen und kulturellen Identität und ihrer Vermittlung in Unterricht und Wissenschaft die legitimen Interessen des früheren Kolonialvolkes an einer eigenen Geschichtsschreibung entgegen. Das Gedicht entlarvt eine an England und Britannien orientierte Geschichtsvermittlung als eine wenig subtile Form eines kulturellen Imperialismus oder eines mentalen Kolonialismus. Die zahlreichen aufeinander bezogenen Beispiele von

1066 bis 1856 werden eingerahmt von dem wiederholten „dem tell me", um schließlich einzumünden in die Frage nach dem Sinn solcher Belehrung und der Ankündigung, selbst der eigenen Geschichte nachzuspüren und die eigene Identität zu gestalten.

23. Anchee Min, *Katherine* (1996) S. 88–93

Die langen Jahre im Gefängnis des maoistischen China haben nicht nur das Leben des Vaters, sondern auch das von Zebra, der mittlerweile erwachsenen Tochter und Ich-Erzählerin, nachhaltig beeinflusst und ihren Traum von Glück und Liebe geprägt. Im Dialog zwischen Zebra und ihrer amerikanischen Lehrerin und Freundin Katherine kommt es zu einem Wechselspiel von Lehren und Belehrtwerden, zur Begegnung von östlicher und westlicher Kultur mit ihren unterschiedlichen Werteordnungen. Katherines Wunsch, ein Kind zu adoptieren, leitet Zebras Bericht von einer Familie in der Provinz ein, die ihr Baby unmittelbar nach der Geburt aussetzt, nur weil es ein Mädchen ist. Katherines natürliche, mitmenschliche Reaktion von Wut und Trauer angesichts eines solchen Verhaltens und seiner öffentlich akzeptierten Verdrängung rührt Zebras Herz und setzt ein Umdenken bei ihr in Gang. Die Erinnerung an Zebras Vergewaltigung zeigt die Mechanismen politischer, sozialer und sexueller Abhängigkeit und daraus resultierender Ausbeutung. Auch Katherine hat erfahren, wie ihre Lebenseinstellung und ihre Einstellung zu einem Kind durch Krankheit in der Familie negativ beeinflusst wird; sie aber lehnt sich gegen ihr Schicksal auf und wird so zu einem Vorbild für Zebra.

24. Norman Williams, *Protest* (1995) S. 93–98

Williams' *dramatic sketch* ist angelegt wie ein sokratischer Dialog. Vater und Tochter erörtern Bereiche des täglichen Lebens und täglichen Bedarfs von der Wohnungseinrichtung bis zu Ernährungsgewohnheiten, von den Zielen und Methoden der Kindererziehung bis zur Rollenaufteilung zwischen Mann und Frau und zwischen den Generationen. Dabei stellt die 17-jährige Tochter den Wert des fraglosen Festhaltens an Traditionen infrage. Nachdrücklich fordert sie ihr Recht auf Selbstbestimmung am besonders heiklen Fall der *arranged marriage*, die den Protest der jungen Frau herausfordert.

25. Arundhati Roy, *The God of Small Things* (1997) S. 98–103

Der Auszug aus Arundhati Roys Roman beginnt mit dem Rückblick auf ein christliches Gemeindefest (außergewöhnlich genug und deshalb so bezeichnend in einer Hindu-Gesellschaft) und der Rolle von Mammachi bei der Vorbereitung und Durchführung, indem sie ihre selbstgemachte Marmelade zum Fest beisteuert. Was als Beitrag zu einer *charity* begann, entwickelt sich bald zu einem respektablen mittelständischen Unternehmen unter ihrer Leitung. Pappachi, ihr Mann, wesentlich älter als sie und inzwischen pensionierter Insektenkundler und Direktor eines hauptstädtischen Instituts, weigert sich aus männlichem Dünkel, seiner stark sehbehinderten Frau bei ihren Tätigkeiten zu helfen, und lebt das Leben eines Haus- und Familientyrannen. Sein Studium in Wien, selbst das musikalische Talent seiner Frau, in Wien entdeckt, aber von ihm unterdrückt, unterstreichen wie auch seine Leidenschaft für teure Anzüge und Accessoires seine Bindung an das westliche Ausland. Die Übernahme vor allem der englischen Kultur wird noch unterstrichen durch die Episode mit dem Nachschlagen von englischen Wortbedeutungen im englischen Lexikon und dem Hinweis auf die Geschichte des *History House* mit seinem unglücklichen englischen, aber zu einem Inder assimilierten Besitzer. Es ist Chacko, der Sohn, selbst in Oxford ausgebildet, der im letzten Abschnitt das Fazit aus dem englischen kulturellen „Imperialismus" und seiner Unvereinbarkeit mit indischem Nationalstolz zieht.

26. Julian Barnes, *The Visitors* (1989) S. 103–125

Schon die Vorstellung des Protagonisten stimmt in die interkulturelle Thematik mit ihrer Vielfalt von Nationen und Kulturen, idealtypisch als Passagiergemeinschaft auf einem Kreuzfahrtschiff zusammengeführt, und ihrem Zusammenprall ein: Franklin Hughes, der englische Journalist, ist naturalisierter Ire, dessen Reisepass keinen Hinweis auf seinen Beruf als Journalist enthält, weil Einwanderungsbehörden in bestimmten Ländern solche Hinweise als gleichbedeutend mit „englischer Spion" auslegen.
Die kulturell ambitionierte Mittelmeer-Schiffsreise führt zur Begegnung mit alten, teilweise versunkenen Kulturen, aber auch zur gewaltsamen Konfrontation mit arabischen Terroristen, die das Schiff in ihre Gewalt bringen, und zur nachdenklichen Auseinandersetzung mit ihren politischen Motiven und Forderungen. Die Auswahl ihrer potenziellen Opfer beruht einerseits auf ethnisch-rassischen Urteilen bzw. Vorurteilen, andererseits auf skrupelloser Machtpolitik und gnadenloser Erpressung. Die Möglichkeiten zu diplomatischem Verhandeln und Taktieren sind extrem begrenzt und können nur um den Preis eigener moralischer Korrumpierung genutzt werden.

27. Thomas Sowell, *The American Mosaic* (1981) S. 125–127

Schon in seinem Titel stellt Sowell Einwanderung nach Amerika in einen konzeptionellen Zusammenhang, der sich in der Metapher vom *mosaic* gegenüber den Vorstellungen von *melting pot* oder *salad bowl* abhebt. Er deutet die Siedlungsgeschichte der USA als eines der Dramen der Weltgeschichte, das in diesem Land Spuren aller Weltteile, Nationen, Rassen, Kulturen und Religionen hinterlassen hat. Und oft genug haben die amerikanischen Ableger nicht nur ein eigenständiges Leben auf dem neuen Kontinent geführt, sondern auf ihr Ursprungsland zurückgewirkt. Schon die zahlenmäßige Größenordnung macht die andernorts gebräuchliche Bezeichnung von Mehrheit und Minderheit obsolet und macht das Nebeneinander von „unity" und „diversity" zu einem bestimmenden Faktor der amerikanischen Geschichte und des amerikanischen Selbstverständnisses. Der Auszug schließt mit einer Fülle von Beispielen zur Verschiedenheit der Bevölkerung in Bezug auf Alter, demografische Entwicklung, Einkommen usw.; die Statistik zum Familieneinkommen, obwohl von 1978, zeigt eine auch heute noch gültige prozentuale Verteilung.

28. Samuel P. Huntington, *A Plea for Assimilation* (1996) S. 127–130

Der Text präsentiert einen zivilisationskritischen Rückblick auf das ausgehende 20. Jahrhundert, auch das amerikanische Jahrhundert genannt. Das wird in erster Linie am vergleichbaren Reichtum der westlichen Welt festgemacht. Selbst andere ungünstige Daten wie geringe Zuwachs- oder Sparraten führen nicht zur Katastrophe, weil die westlichen Ökonomien noch immer wachsen, die Bevölkerung in Wohlstand lebt und der Westen weiterhin die Führungsposition in Forschung und Technologie beanspruchen kann. Dem Geburtenrückgang steht eine unvermindert anhaltende Einwanderung gegenüber.
Wesentlich bedrohlicher als demografische und ökonomische Tendenzen sind nach Huntington aber der moralische Verfall, die kulturelle Selbstzerstörung und die politische Uneinigkeit des Westens. Ohne eine Korrektur dieser Tendenzen ist der Niedergang der westlichen Zivilisation unaufhaltsam. Westliche Kultur wiederum sieht der Verfasser vielfältig bedroht, z. B. durch Einwanderer, die an der Kultur ihres Herkunftslandes festhalten und sich der Assimilation an die westliche Gesellschaft widersetzen.

Story	Setting	Protagonists	Plot/Content
B. Malamud, *The Lady of the Lake*, pp. 8–28	New York – Northern Italy	Henry (Levin) Freeman, Isabella	journey to Italy to find a wife (and himself)
M. Blake, *Dances with Wolves*, pp. 29–34	a Comanche camp	Lt. John Dunbar, Stands with a Fist	Dunbar meets the Comanche tribe, gets to know Stands with a Fist
B. Sainte-Marie, *Now that the Buffalo's Gone*, pp. 34–35	the land of the Indians	American Indian speaker/singer	the extinction of the buffalo
S. J. Ortiz, *The Killing of a State Cop*, pp. 35–41	a town in the south-west of the US and a reservation	Indians – Felipe and Antonio, Mexican – Luis Baca	the Indian's revenge on the state cop Baca
G. Talese, *The Bridge*, pp. 41–42	on the way to New York	Indian Danny Montour and his coworkers	reflections on a trip home from work
H. Jacobs, *Scenes at the Plantation*, pp. 43–47	Southern plantation	black slave Harriet, her family and her master, Flint	life on the plantation, preparation of her escape
H. Lee, *To Kill a Mockingbird*, pp. 47–49	Maycomb, Alabama, in the 30s	Atticus Finch, his daughter Scout	reactions to racial discrimination
W. Cuney, *No Images*, pp. 49–50	somewhere in the United States	she (a black woman)	her present and her future life
L. Hughes, *I, too, Sing America*, p. 50	somewhere in the United States	a black speaker	becoming aware of his future power
K. Vonnegut, Jr., *Adam*, pp. 51–57	Chicago	Heinz Knechtmann, his wife Ava, other Americans	the birth of a child as a secret only shared by the couple
L. Cao, *Monkey Bridge*, pp. 58–61	Farmington, USA, and Saigon, Vietnam	Vietnamese-American daughter and mother	settling in America, adapting identity to the new world
A. Tan, *Harold and I*, pp. 61–65	US-American business world	Harold (white American) and Lena (Chinese-American)	the subtle exploitation of a Chinese-American (business) woman
D. Guterson, *Snow Falling on Cedars*, pp. 66–68	north-west of the United States	Japanese-American mother Fujiko and daughter Hatsue	the different worlds of the Americans and the Japanese
S. Cisneros, *No Speak English*, pp. 69–70	south-western border region of the United States	Mexican Mamacita and her husband	rejection of integration
T. C. Boyle, *The Tortilla Curtain*, pp. 70–71	border region in California	illegal immigrants – Cándido and his wife América	injustice of immigration policy and distribution of wealth in the US
A. Delgado, *stupid america*, p. 72	somewhere in the USA	a Chicano, the Anglo majority	current stereotypes against Latino minority
G. Anzaldúa, *To live in the Borderlands means you*, pp. 72–73	the concrete and figurative borderlands of the US	you living in the borderlands	the various forms of living in the borderlands

Story	Setting	Protagonists	Plot/Content
H. Kureishi, *The Buddha of Suburbia*, pp. 74–79	Bombay and London	narrator Karim, father Haroon and uncle Anwar	between acceptance and rejection of integration
M. Syal, *Anita and Me*, pp. 79–81	native Punjabi village, Delhi and Tollington, England	girl-narrator Meena and her mother	the obsession of "this meeting of two worlds"
A. Srivastava, *Looking for Maya*, pp. 81–84	different regions of India, London	narrator Mira, her parents and her friends – Ralph, Luke, Amrit	the influence of one's origins, here: Indian culture
J. Agard, *Oxford Don*, pp. 85–86	(middle-class) England	Caribbean speaker living in England, me vs. them	Standard British English as a class dialect
J. Agard, *checking out me history*, pp. 86–87	the Caribbean, places in America and Europe	(indoctrinated) speaker	claiming one's own history and historiography
A. Min, *Katherine*, pp. 88–93	Shanghai (and US America)	Zebra – a Chinese woman, Katherine – her American teacher	encounter of different worlds and women's roles and fates
N. Williams, *Protest*, pp. 93–98	Japan in 1900	a father and his 17-year-old daughter	a daughter trying to introduce Western values
A. Roy, *The God of Small Things*, pp. 98–103	Kerala, South India, and Europe (Vienna, Oxford)	Mammachi, Pappachi, Ammu and Chacko, Estha and Rahel	the breakdown of the Anglophile fascination
J. Barnes, *The Visitors*, pp. 103–125	the Mediterranean Sea, Crete	Franklin Hughes – TV-journalist, Western tourists on a cruise, terrorists	harmless visitors of the Mediterranean sights threatened by terrorists
T. Sowell, *The American Mosaic*, pp. 125–127	present-day US-America	the various national, ethnic, religious and cultural groups in the US	presentation and explanation of the theory of the American mosaic
S. P. Huntington, *A Plea for Assimilation*, pp. 127–130	present-day US-America	the various groups (above) and their will to assimilate	the threat of a multicultural America: the United Nations of America

Konzeption des Unterrichtsmodells

Der Band ist in vier ***Components*** unterteilt. Das Thema von ***Component 1*** lautet *Ethnicity and identity*. Die beiden mittleren *Components* beschäftigen sich mit *Multi-ethnicity in the English-speaking world*, wobei die Texte von ***Component 2*** in den Vereinigten Staaten, die von ***Component 3*** im Vereinigten Königreich angesiedelt sind. ***Component 4*** schließlich hat *Multi-ethnicity: A global phenomenon* zum Thema. Die *Components* spiegeln in ihrer Anordnung die Gleichzeitigkeit des Phänomens der Begegnung der Kulturen, während sich ihre Aspekthaftigkeit in den Unterkapiteln widerspiegelt. Naturgemäß nimmt die Berücksichtigung der Begegnung der Kulturen in den Vereinigten Staaten von Amerika den breitesten Raum ein; dafür sprechen die lange Geschichte des Aufeinanderpralls unterschiedlicher Welten, ihre zahlenmäßige Verbreitung und ihre nationale, ethnische, religiöse und kulturelle Vielfalt, die auch im Bereich des United Kingdom nicht ihresgleichen findet. Zugleich werden in Nordamerika und Großbritannien die verschiedenen Wanderungsbewegungen und ihre Motive deutlich: Auswanderung als Flucht und Suche nach dem Land der ungeahnten Möglichkeiten oder als postkoloniale Quasi-Heimkehr. Dass sich mit der Öffnung der östlichen Hemisphäre zum Westen hin nicht nur Einwanderungsströme dorthin ergossen, sondern auch entgegengesetzte Bewegungen stattfanden, zeigt die Auseinandersetzung mit westlichem Gedankengut und westlichem Lebensstil in der Welt des Fernen Ostens.

Einleitung und **Schluss**, Bernard Malamuds *The Lady of the Lake* und Julian Barnes' *The Visitors,* sind an ihrer Stelle im Unterricht austauschbar. Beide behandeln eine übergreifende, grundsätzliche Thematik, die Frage nach dem Zusammenhang nationaler und ethnischer Herkunft und persönlicher Identität. Nicht zufällig personifiziert sich diese Problematik im sich seiner Identität ständig selbstvergewissernden Juden bei Malamud und im sich seiner Bedrohung durch weltweiten Terrorismus erst allmählich gewahr werdenden Bildungsreisenden und Touristen bei Barnes.

Ähnlich lassen sich auch die beiden **wissenschaftlichen Analysen** von Thomas Sowell und Samuel P. Huntington als Einstieg in die Problematik oder zum Abschluss der Besprechung der literarischen Texte, auch einzelner Teilkapitel, einsetzen.

Das Beispiel eines ***Self-assessment*** in Form des Lucky-Luke-Cartoons ist mehr als nur ein Gag. Der Cartoon lädt dazu ein, sich mit der Bedeutung von Ritualen in der Begegnung von Kulturen auseinanderzusetzen und im Kompromiss eine kreative Antwort auf den Konflikt zu finden.

Die **Autorenbiografien** erhellen den persönlichen Hintergrund der jeweiligen Autorinnen und Autoren und weisen ihr literarisches Schaffen als ein Stück interkultureller Lebensgeschichte aus, ohne es jedoch darauf zu beschränken. Wo der biografischen Information bei der Behandlung der Texte eine dezidierte Funktion im Zusammenhang mit der Interpretation des Textes zukommt, wird eigens darauf verwiesen.

Die Texte und die Bilder als ikonografische Texte sind über ihre interkulturelle Thematik hinaus literarische Zeugnisse verschiedener Epochen, literarischer Strömungen und eines weltweiten Kulturkreises, dessen einigendes Band die englische Sprache ist. Der **Einsatz der Audio-CD**, im Inhaltsverzeichnis gekennzeichnet, soll, neben der Schulung des Hörverstehens, vor allem für die Vielfalt der Varianten des Englischen, vom sogenannten *Black Vernacular* bis zum *Caribbean English*, sensibilisieren.

Bei der Besprechung der meist kürzeren Texte ist in der Regel von der häuslichen Textlektüre auszugehen, die ja durch Einführung, Angaben zum Vokabular und inhaltliche und problemorientierte ***while-reading*-Aufgaben** vorstrukturiert ist. Diese lektürebegleitenden Aufgaben und Fragen können flexibel eingesetzt werden: Sie können den Schülerinnen und

Schülern beim Lesen oder bei der Analyse einfach nur als Denkanstoß dienen. Vor allem bei schwierigen Texten empfiehlt es sich, den Schülern die schriftliche Beantwortung der Fragen als zusätzliche, verständnissichernde Hausaufgabe zu geben. Anregungen zur ***Homework*** nach Analyse und Besprechung der Texte sichern das Unterrichtsergebnis und regen zu Transferleistungen hinsichtlich der Problementwicklung und der Textgestaltung an.
So wie sich die Autorenbiografien mit ihren individuellen Voraussetzungen unterscheiden, so variieren auch die von den Autorinnen und Autoren geschaffenen literarischen Figuren in ihren literarischen Welten. Und doch zeigen sie bei aller individuell bedingten Verschiedenheit bestimmte Grundmuster interkulturellen Denkens, Fühlens und Handelns und gemeinsame Formen des Erlebnisses der Fremdheitserfahrung und der Erfahrung der eigenen Identität und der an sie geknüpften Rollenerwartungen. Um die Begegnung mit dieser Vielfalt bei insgesamt 26 Texten nicht ermüdend zu gestalten, die Lesemotivation zu erhalten und die Lesenden in die Interaktion mit den Texten einzubinden,

- ist besondere Sorgfalt auf die Gestaltung der *pre-reading* bzw. *pre-listening activity* gelegt,
- wechseln verschiedene Lesestrategien und Lesetechniken (*close reading, reading for gist, scanning, skimming, reading log*) miteinander ab,
- werden unterschiedliche Formen im Umgang mit den Texten, von der gelenkten Analyse bis zum kreativen Umgang mit ihnen im Rollenspiel, im *Predicting* und im *Rewriting*, angeboten,
- kommen durch Einsatz der Audio-CD auch die Übung im Umgang mit *audioliterature* und der Wechsel von *reading and listening* zum Zuge,
- wird, wo filmische Bearbeitungen des Themas oder des Werks greifbar sind, auf ihre Einbeziehung in den Unterricht hingewirkt, um die Behandlung der Texte zu vertiefen und gleichzeitig die speziellen Möglichkeiten und Wirkungen des audio-visuellen Mediums einschließlich der Bedingungen der Transformation zu erhellen,
- wird zuweilen auch die Bildbotschaft einbezogen, deren vordergründige Sprachlosigkeit der sensiblen und immer die Wirkung einkalkulierenden Deutung (vgl. den sog. Karikaturen-Streit) bedarf.

Den Aufgabenstellungen, Fragen und Impulsen für die Lernenden sind kurz gefasste Leistungserwartungen angefügt, die die Antwort sowohl inhaltlich als auch sprachlich modellhaft vorformulieren und dem Lehrenden einen Eindruck vom Anspruchsniveau der Aufgabe vermitteln.
Die schriftlichen Formen der Bearbeitung der Texte und Themen orientieren sich in ihrer Gesamtheit sowohl am Anforderungskatalog der Abitur-Richtlinien als auch an in Schule, Studium, Beruf und Alltag geforderten schriftlichen und mündlichen Gebrauchsformen.
Die Themenkataloge von **Facharbeiten**, *last but not least*, schließen an die Lektüre einzelner Texte und an die Erörterung verwandter Themenkreise im Unterricht an, wollen zu erweiterter Perspektive und individuell vertiefender Beschäftigung mit einzelnen Problemen anregen, natürlich in der Hoffnung, dass die Lernenden ihren Wissensstand und ihr Problembewusstsein in den Unterricht einbringen.
Bei allen Bearbeitungshinweisen und Anregungen ging es darum, einen Mittelweg zwischen Angebotsfülle und Freiheit des Bearbeitenden einzuschlagen. Für Korrekturen und Vorschläge aus der praktischen Arbeit mit dem Schüler- und Lehrerband sind Verlag und Herausgeber schon im Voraus dankbar.

Referatthemen und Themen für Facharbeiten

General:

- A model of intercultural learning according to Alexander Thomas
- The encounter of cultures – a source of enrichment
- Languages and language policy in the US

Outlines of novels with culture clash:

- James Hilton, *Lost Horizon*, 1933 (cult novel on the longing of Westerners for the spirituality of the East: Shangri-La)
- Yann Martel, *Life of Pi,* 2002 (a parabolic narrative on intercultural and interreligious experience)
- Dai Sijie, *Balzac and the Little Chinese Seamstress,* 2000 (Maoist Chinese youth discover the beauty of French literature which helps them to survive deportation)
- Eliot Pattison, *Bone Mountain,* 2002 (Tibetans trying to preserve their identity under Chinese oppression)

Native Americans:

- Early examples of literature dealing with the American Indians (e.g. James Fenimore Cooper)
- Paintings of the encounter of the cowboy and the Indian by Frederick Remington

African Americans:

- What Black Music reveals about fate and the situation of the African-American population (cf. Richard Powers, *The Time of Our Singing)*
- Harriet Beecher-Stowe's *Uncle Tom's Cabin* in the light of the Civil Rights Movement
- TV-episodes from Alex Haley's *Roots*
- Martin Luther King's *I have a dream*

Jewish Americans:

- Biographies of Jewish immigrants to the US
- Examples of novels, dramas, poems by Jewish writers
- Art Spiegelman's Maus-cartoons
- The film-maker Steven Spielberg

Asian Americans:

- The fascination of the Eastern world: Hermann Hesse's *Siddharta* (1922)
- James Hilton's *Lost Horizon* (1933)
- Jung Chang, *Wild Swans* (1991)
- Joann Faung Jean Lee, *Asian Americans* (1991)

Mexican Americans:

- Important stages in the history of the American South-West
- Willa Cather's *Death Comes for the Archbishop* (1927) as an illustration of cohabitation of ethnicities and beliefs
- Introduction to one of Sandra Cisneros's poems or stories from *My Wicked Wicked Ways* (1995), *The House on Mango Street* (1984)
- The film *Fools Rush In* (Salma Hayek, Matthew Perry) – an intercultural love story (Columbia DVD)

Multi-ethnicity:

- Typical features of film productions from "Bollywood" which explain its rising attraction for Western audiences
- Michael Dobbs's *The Buddha of Brewer Street* (1998) as a popularized mingling of two worlds
- Hanif Kureishi's *My Son the Fanatic* as an illustration of the religious dimension of intercultural literature – an interpretation
- Elizabeth George's *Deception on His Mind* (1997), the intercultural and interreligious dimension of the crime novel

Migration and ethnicity:

- What Sowell's and Huntington's explanations and theories can contribute to a better understanding of immigration in general and immigration to Germany in particular

Jhumpa Lahiri, "The Third and Final Continent" (Excerpt)

This is the final part of a story about a young man who leaves his native India to try his luck, first in England and later in the USA. Before leaving India for good, he gets married, in an arranged marriage, to Mala, who is to follow him later.

"Who is she, boy?"

"She is my wife, madame."

Mrs. Croft pressed her head at an angle against the cushion to get a better look. "Can you play the piano?"

"No, madame," Mala replied.

"Then stand up!"

Mala rose to her feet, adjusting the end of her sari over her head and holding it to her chest, and, for the first time since her arrival, I felt sympathy. I remembered my first days in London, learning how to take the Tube to Russell Square, riding an escalator for the first time, being unable to understand that when the man cried "piper" it meant "paper," being unable to decipher, for a whole year, that the conductor said "mind the gap" as the train pulled away from each station. Like me, Mala had travelled far from home, not knowing where she was going, or what she would find, for no reason other than to be my wife.

As strange as it seemed, I knew in my heart that one day her death would affect me, and stranger still, that mine would affect her. I wanted somehow to explain this to Mrs. Croft, who was still scrutinizing Mala from top to toe with what seemed to be placid disdain. I wondered if Mrs. Croft had ever seen a woman in a sari, with a dot painted on her forehead and bracelets stacked on her wrists. I wondered what she would object to. I wondered if she could see the red dye still vivid on Mala's feet, all but obscured by the bottom edge of her sari. At last Mrs. Croft declared, with the equal measures of disbelief and delight I knew well:

"She is a perfect lady!"

Now it was I who laughed. I did so quietly, and Mrs. Croft did not hear me. But Mala had heard, and, for the first time, we looked at each other and smiled.

I like to think of that moment in Mrs. Croft's parlor as the moment when the distance between Mala and me began to lessen. Although we were not yet fully in love, I like to think of the months that followed as a honeymoon of sorts. Together we explored the city and met other Bengalis, some of whom are still friends today. We discovered that a man named Bill sold fresh fish on Prospect Street, and that a shop in Harvard Square called Cardullo's sold bay leaves and cloves. In the evenings we walked to the Charles River to watch sailboats drift across the water, or had ice cream cones in Harvard Yard. We bought an Instamatic camera with which to document our life together, and I took pictures of her posing in front of the Prudential building, so that she could send them to her parents. At night we kissed, shy at first but quickly bold, and discovered pleasure and solace in each other's arms. I told her about my voyage on the *SS Roma*, and about Finsbury Park and the YMCA, and my evenings on the bench with Mrs. Croft. When I told her stories about my mother, she wept. It was Mala who consoled me when, reading the *Globe* one evening, I came across Mrs. Croft's obituary. I had not thought of her in several months – by then those six weeks of the summer were already a remote interlude in my past – but when I learned of her death I was stricken, so much so that when Mala looked up from her knitting she found me staring at the wall, the newspaper neglected in my lap, unable to speak. Mrs. Croft's was the first death I mourned in America, for hers was the first life I had admired; she had left this world at last, ancient and alone, never to return.

As for me, I have not strayed much farther. Mala and I live in a town about twenty miles from Boston, on a tree-lined street much like Mrs. Croft's, in a house we own, with a garden that saves us from buying tomatoes in summer, and room for guests. We are

to scrutinize to examine carefully
placid calm, cool
disdain here: feeling of superiority
dye colouring substance
to obscure to hide

bay leaves *Lorbeerblätter*
cloves *Nelken*

solace comfort in misery
on the bench with Mrs. Croft where the late landlady used to sit waiting for her tenant to come home and tell her about his day
Globe Boston Globe, national US newspaper
obituary public announcement of the death of a person
remote far away

American citizens now, so that we can collect social security when it is time. Though we visit Calcutta every few years, and bring back more drawstring pajamas and Darjeeling tea, we have decided to grow old here. I work in a small college library. We have a son who attends Harvard University. Mala no longer drapes the end of her sari over her head, or weeps at night for her parents, but occasionally she weeps for our son. So we drive to Cambridge to visit him, or bring him home for a weekend, so that he can eat rice with us with his hands, and speak in Bengali, things we sometimes worry he will no longer do after we die.

Whenever we make that drive, I always make it a point to take Massachusetts Avenue, in spite of the traffic. I barely recognize the buildings now, but each time I am there I return instantly to those six weeks as if they were only the other day, and I slow down and point to Mrs. Croft's street, saying to my son, here was my first home in America, where I lived with a woman who was 103. "Remember?" Mala says, and smiles, amazed, as I am, that there was ever a time that we were strangers. […]

to collect social security *Rente beziehen*

From: Jhumpa Lahiri, "The Third and Final Continent", in *Interpreter of Maladies*, Boston/New York, Houghton Mifflin Company 1999, pp. 195–197

Assignments

1. Sum up in your own words how the ambiguity of the intercultural experience is described in the excerpt.
2. Show how, in the narrator's reflection and in his choice of words and images, his (arranged) marriage and his emigration from home and immigration to the United States are related to one another to create the overall impression of a successful and happy life.
3. Choose one of the following two tasks:
   a) Creative task: Mala's first letter home
   Mala has to deal with many different experiences simultaneously: getting to know her husband, getting used to an unfamiliar environment, settling into a fundamentally different culture. What might she write home to her parents?
   b) Evaluation: What might be the reasons for the narrator's and Mala's successful integration and their ability to live a happy life in the United States?

Erwartungshorizont zu Klausur 1

zu 1: An overall analysis of most of the contemporary intercultural literature as presented in *Cultures in Conflict* reveals a tendency towards focusing on culture clash and on the problems entailed by it. It applies all the more where a manifold difference and distance are met, and where ethnic diversity and cultural and religious, etc. differences hinder a rapid integration. The narrator of this story, in contrast, is not only aware of the difficulties the new start in a foreign country entails, but also of the enrichment it can bring.
The difficulties the narrator himself had to face during his first year in London are recalled when he sees his wife Mala, self-conscious and shy on being introduced to Mrs. Croft. He feels "sympathy" (l. 8) for her. At the same time, his growing love for Mala provides him – and her – with solace (l. 36) and consolation (l. 38). Together they manage to become a happy American family and at the same time keep a close connection to their home country and culture, by regularly visiting Calcutta, eating Indian food and speaking their native language together and with their son. Judged against the intercultural experience presented in much of modern literature, Jhumpa Lahiri's story tells a success story, which is about the fulfilment of the American Dream, which illustrates that it is possible to embrace a new identity without giving up your old one.

zu 2: The narrator looks back on his past in the United States. He narrates episodes from his life in the new world and at the same time reflects on what was happening to him at that time. The story of his successful immigration is interwoven with his developing love relation to his wife.
It is interesting that the narrator talks about his immigration primarily with reference to people, in other words, characters in the story. In this excerpt, he hardly ever speaks about institutions and only hints at more general conditions of life and work (such as employment and housing). Apart from the narrator himself, the central character in this excerpt is Mala, his wife. The consequences of an arranged marriage can only be derived from the description of the shared emotions, especially the shyness, of husband and wife and the narrator's comments on their growing love. When the narrator introduces his wife to Mrs. Croft, he wants the old lady to understand not only the strangeness of Mala's traditional dress and make-up but also, indirectly, the strange relationship of an arranged marriage, which, although it is not originally based on deep affection certainly does not exclude it. In addition, he compares his getting to know his wife to his immigrant experience, especially his becoming acquainted with something entirely new and not yet understood, something he has to "learn" (l. 9, see the episodes in London before he came to the States). Mala's leaving home "not knowing" (l. 13) much about her destination is fundamentally a learning process which needs "explaining" (l. 16) in answer to "scrutinizing" (l. 17) but also empathy (here of the 103-year-old lady). It is at this first meeting with the old lady that the narrator becomes aware of his feelings of sympathy for his wife and at the end of that encounter, a kind of secret understanding has developed between the couple.
In the following description of their "honeymoon of sorts" (l. 28), the reader follows the couple on its tours "exploring" (l. 28) the unknown city and "discovering" (l. 29) traces of their homeland in the new environment (l. 30 and 31) while at the same time tracing elements of a modern world such as "ice cream cones" (l. 32) and an "Instamatic camera" (l. 33). The growing love between the couple goes hand in hand with more information about the narrator's mother and his

emigration to England and with Mala's emotional response to her husband's shock at the death of his former landlady.
It is this life's summary at the end of a process of successfully and happily settling down, after finally arriving at "the third and final continent", which sets the tone of this reflection. A loving relationship to his wife Mala, their pride in their son, his modest career as a college librarian, his idyllic life in the countryside (growing his own vegetables) are in harmony with both his present life in the New World and his past in his former homeland. The narrator hopes that his past and the heritage of his homeland will live on in their son, that he will preserve his native Bengalese language, and value his ethnic food and eating habits. Thus, in the same way that settling down in Boston represents the development of lessening the "distance" (l. 26) between his land of origin and that of his dreams, his deep love and respect for his wife represent the final destination of a life-long journey.

zu 3 a): Mala's first letter home

Dear Mum and Dad,
it has been more than three months now since Ranjit welcomed me at Logan Airport and took me to his home, which – I am so glad to say – has also become my home now.
Life here in America is different from life at home in so many ways, as I'm sure you can certainly imagine. It was even sometimes frightening in the beginning, especially the hectic and noisy life of such a big city with its anonymity, the people looking so different, a language I could hardly understand, the different dress men and women wear – and, of course, the food. I always felt like an exotic being in my sari, which I wore at the beginning before I got some American clothes, jeans and a sweatshirt, to wear in public. But I still wear the sari at home, though I have given up using our traditional make-up. It also makes me look *too* different. I only use it when our friends who have emigrated from Calcutta and Mumbai visit us.
The wonderful thing about Boston, probably about all of America, is that you can find everything here: every nationality, ethnic group, religion, culture and language. At markets, you can buy all sorts of ethnic food, and the bookstores stock literature and newspapers, even from India. In the neighbourhood where we live, a so-called ethnic neighbourhood, there are many immigrant families, mostly from Asia, and we even have a Hindu and a Buddhist temple just around the corner. Cambridge is a university town, very international and very tolerant, so you hardly ever hear or read about racial problems here. As Ranjit works at the university, we seem to be accepted and get invitations to parties from time to time, which I enjoy more now than in the first weeks.
Among the many people I have met here in my first few months was one I especially liked and who really made me feel welcome after she had first carefully examined my, for her completely strange, appearance. Mrs. Croft, 103 years old, was Ranjit's first landlady, whom he also became rather fond of. Perhaps she reminded him of his own mother, whom he had to leave behind. As he told me when he read about her death recently, hers was the first life he had admired in the new world because he was more than just another immigrant. The most important thing for me, however, is that Ranjit and I have really become a couple, a loving couple, and that we are happy living here. Ranjit is already thinking of buying a house outside Boston where we can have a garden and grow our own vegetables. And where our child will be able to play when the time comes.
I think of you often and miss you a lot,
Your loving daughter, Mala
P. S. Have just come back from the doctor. Guess what: I am pregnant!!!

zu 3 b): Evaluation

Whereas many other immigrants to the United States view their being American and their process of becoming American as something negative, something which made them give up essential qualities of life without gaining something equally valuable, the narrator and Mala managed to take the best out of two worlds. They found a new home and fully integrated into America but at the same time kept a close relation to their native country. One reason for their apparent success might be the fact that they were not driven from their home-country but came of their own accord. They were extremely motivated to make the best use of the chances that were offered to them and they believed and invested in the future of their son as an American citizen. They also learned the language and not only tolerated but actively accepted the many-faceted culture of their new country.

Another reason might be the narrator's personality: he is obviously a well-educated, widely travelled person, highly sensitive and meditative, someone who cares about people and is willing to combine traditional beliefs and modern challenges, and who is able to adapt and even to profit from a world fundamentally different from his own.

Sherman Alexie, One Good Man (Excerpt)

My mother had died ten years earlier from a brain tumor. She had been a librarian, a lover of books. By the end of her life, she could no longer speak, let alone read, so she had no last words from her death-bed, only the slow blinking of her eyes, and then the fading of the light behind them. It had been a quiet death for a woman with such a large vocabulary.

I followed my father and his chair into the house. He had not been here in some weeks and so was surprised to see the amount of home improvement I had done myself or had paid others to do. Or rather, he was surprised at the improvements he could see, since his vision was impaired by the blood that flowed from the broken veins in his eyes. The walls were painted a fresh white, a new carpet had replaced the twenty-five-year-old shag, and family photographs were fitted with new frames. Cosmetic changes, really, but my father acted as if I'd built him a mansion.

"You're good to me," he said. I didn't know if that was completely true, or if it had ever been true, even in part.

"You didn't have to do this," he said. "I'm not going to live long enough to get it ugly again."

"Hey," I said. "They always underestimate Indians. You're going to make it until next Christmas, at least. You eat better and you'll see Paul graduate high school."

Paul was my son. He lived with his Lummi Indian mother in Seattle, exactly two hundred and seventy-nine miles from my house in Spokane. She'd remarried a white man who made a lot more money than I did. He was a consultant for one thing or another – one of those jobs that only white guys seem to get. Consultant. He consulted. Others paid him to consult. They wanted to be consulted. He wanted to consult. All around me, white men were consulting other white men. My son lived with a consultor, or was it spelled differently? Did my son live with a consulter? The whole world could live in the space between that *o* and that *e*. My son lived in that space. My son asked another man for consultation. He was an Indian consultantee loved fiercely by a white consultant. Sure, my vocabulary was bitter (She'd chosen somebody over me!) but I was happy the white man, the step-father, was able to provide my son with a better life than I would have on my high school English teacher's salary. And I was happy that my son was living in Seattle, where twenty percent of the city was brown-skinned, instead of Spokane, where ninety-nine percent of the people were white. I'm not exactly racist. I like white people as a theory; I'm just not crazy about them in practice. But, all in all, ours was a good divorce. I still loved my ex-wife, without missing her or our marriage (I'm a liar), and spent every other weekend, all of the major holidays, and most of the minor ones, with the three of them in Seattle – all of us having decided to *make it work*, as the therapists had said. The nontraditional arrangement, this extended family, was strange when measured by white standards, but was very traditional by Indian standards. What is an Indian? Is it a child who can stroll unannounced through the front doors of seventeen different houses?

"How long before Paul graduates?" asked my father as we stood (I was the only one standing!) in our house. No, it wasn't my house anymore. Only my ghost lived there now.

"Nine months," I said. "In June."

"Six to five against me making it."

He always knew the odds. He'd always been a gambler and had lost more than one paycheck to the horses and the dogs and the Sonics and the Seahawks and the Mariners and the dice and the playing cards.

From: Sherman Alexie, "One Good Man", in: *The Toughest Indian in the World*, London, Vintage 2001, p. 216–217

chair here: wheelchair

Lummi Indian Tribe

consultant, consulter s.o. whose job it is to give advice to other people

consultor consultant who gives advice to religious authorities

the odds the chance of winning a bet or a game

Assignments

1. What do we get to know about the narrator, his background and his family?

2. Analyse the narrator's tone. What does it reveal about his attitude towards his ex-wife's new life and to the world of white people in general?

3. Choose one of the two following tasks:
a) Creative task: The narrator writes a letter to his son. What might he tell him about the time he has just spent on the reservation trying to help his sick father and his ambiguous feelings about his "extended family" (l. 37)?
b) Evaluation: How would you characterize the narrator's sense of identity? Does he feel really Indian?

Erwartungshorizont zu Klausur 2

zu 1: The narrator must be middle-aged. He is Indian and works as an English teacher in Spokane. His ex-wife, a Lummi Indian, is now married to a white man, a consultant, and lives in Seattle. The narrator visits her and their son Paul regularly and tries to maintain a good relationship with this "extended family" (l. 37). In the excerpt, the narrator has just spent some time in his father's house (the old family home, probably on a reservation). He has renovated the house and now shows it to his father, who is very sick and is probably coming home from the hospital.

zu 2: When referring to his ex-wife and her life in Seattle, the narrator seems on the surface to be quite content with the "good divorce" (l. 34). He still seems to get along well with his ex-wife and even with her new husband. He visits the three of them very often and thinks that their family situation, although quite uncommon in the white world, is rather normal in an Indian background, where kids grow up in a big extended family. However, there are also ironic undertones (e.g. when he refers to the new husband's job, when he compares his own wages to those of the new husband or when he speaks about his attitude towards white people: "I'm not exactly racist. I like white people as a theory; I'm just not crazy about them in practice.", l. 32f.). These show that he isn't as happy as he is pretending to be about his family situation and about his son living in the white world.

zu 3 a): The narrator's letter to his son

Dear Paul,

I'm spending a few weeks on the reservation, where I've just finished improving your grandfather's old home. Your grandfather came back from the hospital today and he was very happy about the changes in the house. As you know, he is very sick. He would be really happy if you could come and visit him after your graduation in June. For me, it is a very strange feeling to be back in my old home. Even though I still feel attached to my father and have fond memories of my childhood here – the community here on the reservation was like a big family and we were always welcome in the other families' homes – I think I don't belong in this world anymore.

However, at the same time, it's very important for me that you get to know something about your Indian background. That's why I would be very happy if you could spend some time here in summer. If you want, we can come here together.

See you soon,

Your loving father

zu 3 b): Evaluation

The narrator seems to be caught between two worlds. He grew up in an Indian environment, probably on a reservation, and married an Indian woman. Now he works as an English teacher in Spokane, a town where almost only white people live (l. 32), and he spends many weekends and holidays with his ex-wife and his son in the "white world" in Seattle. In his father's house, his old home, he feels like a stranger ("No, it wasn't my house anymore. Only my ghost lived there now.", l. 42). This shows that he doesn't feel part of the traditional Indian world anymore. At the same time, his ironic tone when referring to white people and their world reveals that he doesn't feel as part of their world either.

Peter Skerry: The American Exception – Why Muslims in the U.S. aren't as attracted to jihad as those in Europe

jihad (Arabic) holy war against non-believers

How concerned should Americans be about home-grown terrorism in the U.S.? In the face of another plot by British Islamists, it's worth keeping in mind that America's Muslim community is strikingly different from those in Britain and the rest of Europe.

The first difference is in relative numbers. The most authoritative estimate of the number of Muslims in the U.S. is between 2 million and 3 million – less than 1% of the total population. In France, Muslims constitute about 8% to 9%; in the Netherlands, about 5.6%; in Germany, 3.6%; and in Britain, just under 3%.

More important, Muslims in Europe are concentrated in highly visible enclaves. In Brussels, for example, Muslim women and children beg on the streets and in the subways. And for blocks along the Avenue de Stalingrad, cafés and stores are crowded with Muslim men – and no women. The only comparable sight in the U.S. might be in certain neighborhoods of Detroit and nearby Dearborn, Michigan. But that would be the exception. American Muslims tend to be university-educated professionals living in the suburbs.

To be sure, many Islamist terrorists have come from well-off, integrated families. But the U.S. Muslim community is less likely to breed disaffection, because it is extremely diverse. In fact, it is probably the most diverse in the world, hailing from many parts of the globe, speaking numerous languages and practicing several different versions of Islam. This makes it less likely that any one group will dominate and more likely that each subgroup will adapt to its new surroundings.

The most vital difference between Muslims in America and their brethren in Europe is the U.S.'s enduring emphasis on religious liberty. Religion is accorded far more respect in the public realm in the U.S. than in Europe. Think about it. The U.S. is in the midst of a rancorous debate over immigration in which many Americans reject "hyphenated identities" like Mexican-American as a threat to national cohesion. Yet while evangelical Christian, Catholic and Jewish Americans may disagree vehemently among themselves, the religious basis of their identity is not seriously questioned by anyone. If Muslim Americans are not so readily accepted today, it is not because they are believers. In Europe, by contrast, Muslims are resented and marginalized precisely because their religion threatens strong secular values.

In practice, America's religious liberty means that in the nation there are very few – and no seriously divisive – disputes over Muslim head scarves. Religious liberty in the U.S. is also evident in the 250 or so full-time Muslim schools operating in America – about double the number in Britain, which has roughly the same number of Muslims. And in France there are only a handful of Muslim schools – at last count, three.

In the same vein, Muslim political advocacy groups are much more visible and influential in the U.S. than in Europe. Walk into the headquarters of the Islamic Society of North America on the outskirts of Indianapolis, Indiana, for example, and you will see stacks of religious literature ready to be mailed. But you will also see stacks of thick guides to the IRS code. Setting up and running their own religious institutions gives Muslims a stake in the society while teaching them valuable skills in self-government and democracy.

Of course, many Americans would not like some of what they would see or hear in these self-governing institutions – schoolroom maps of the Middle East with no representation of Israel, expressions of sympathy for groups like Hizballah and, in the wake of 9/11 and the Patriot Act, passionate complaints about being unfairly targeted by government officials. Such claims can get exaggerated. But the point is they are voiced in a way that draws Muslims into the mainstream rather than keeps them out. It is

estimate guess

to hail from to come from

brethren fellow members of a group

realm here: sphere

rancorous hostile, fierce

cohesion unity

to resent to refuse to accept

to marginalize to remove from the centre

secular opposite of scared, worldly

vein here: way

advocacy group group actively claiming rights for a particular cause

outskirts remoter or outer areas of a town

IRS (American) Internal Revenue Service, *Finanzbehörde*

stake part

in the wake of following

striking how often these grievances are linked with the civil rights struggles of other Americans, including African Americans, Jewish Americans and Japanese Americans during World War II. As Muslims often put it, "This is how America treats its minorities. But they overcame it, and so will we." In other words, Muslims never sound quite so American as when asserting their rights against government policies they consider unjust.

grievance complaint

Peter Skerry, "The American Exception – Why Muslims in the U.S. aren't as attracted to jihad as those in Europe", in: TIME, August 21, 2006

Assignments

1. Analyse how the author, a professor of political science at Boston College, explains the difference between the attitude of Muslims towards *jihad* in the United States and in Europe, and how he presents his arguments.
2. Professor Skerry argues that if Muslim Americans are not so readily accepted in the States, it is not because they are believers, while in Europe it is precisely this fact which causes hostility. Comment on this striking difference taking into account the public debate about wearing head-scarves.
3. Choose one of the following tasks:
   a) In a letter to the editor, point out why with regard to historical experience, democratic behaviour and religious beliefs many Germans may take a more differentiated view.
   b) Which of the two (or both) pictures would you choose to go with Skerry's comment? First outline the messages of the two illustrations, then give reasons for your selection of the picture(s).

Everyone plays: Somali immigrants at a housing project in Portland, Maine

Police watch over British Muslims as they demonstrate against cartoons in a Danish newspaper

Erwartungshorizont zu Klausur 3

zu 1: A look at home-grown terrorism and Islamist terrorism in Britain and in Europe leads to the following "striking differences": (1) in relative numbers: in the US Muslims represent just 1 % of the population, in Britain almost ten times more, in the Netherlands about 5 and in France and in Germany roughly three times more; (2) in Europe they are highly concentrated in particular centres while in the US they tend to belong to the university-educated suburban population; (3) in Britain many Islamist terrorists come from well-off, seemingly integrated families; in the US they are "extremely diverse" as regards country of origin, culture, language and religion.
This accounts for less dominance by one specific group and helps them to be more easily accepted; the "most vital difference" (l. 22) though is the US emphasis on religious liberty; religion is treated with more respect than in Europe and the religious basis of one's identity is never questioned; (4) this religious freedom has led to the acceptance of head-scarves and the institution of Muslim schools (twice as many as in Britain); (5) in the US, Islam has visible and influential, politically active civil rights groups (though some Americans do not like them); (6) in this way, the Muslim protest is drawn into mainstream America, and likened with the protest of other ethnic or religious minorities which share the belief that they will overcome discrimination.
The argumentation is dialectically structured: the US vs. Europe; few vs. many (more); densely populated city centres vs. educated population in suburbs; well-off, integrated Islamist terrorists vs. diverse backgrounds; religion meets more respect in the US vs. less respect in Europe; religious freedom vs. more restrictions (debate about head-scarves); Islam has visible influence (mainstream) vs. influence in the background or underground (parallel society); will overcome discrimination vs. opposition may deepen.

zu 2: The first settlers in America were the Pilgrims who had left their native England to escape religious oppression. Other religious refugees, in particular the Jews, followed and were successfully integrated. Later refugees were non-Christian or non-Jewish, belonging to Eastern instead of Western civilizations. This meant that they were "not so readily accepted" (l. 29), but accepted they were nonetheless! What the author wants to point out though, is that Islamist fundamentalists, if they are resented at all, are resented for political and ideological reasons, for example: that they want to set up an Islamist state, want to make the Koran the political guideline of the state, want to prescribe a dress-code, tend to deny women's rights, usually take the side of Palestine against Israel, are willing to tolerate the work of suicide-bombers, in short: that they question the American way of life and many of the achievements the American nation stands for. In Europe, however, with its long secular tradition and the declining influence of religion on public life, Islamist fundamentalism is seen as a declaration of war on reason and most of the democratic institutions which have resulted from negotiations and compromises, not just a particular mullah's explanation of Allah's will. The liberal American attitude to wearing head-scarves in school as compared to the heated discussions and demonstrations in France for example illustrates the Europeans' dilemma. In order to defend the secular state, it is felt that they have to suppress religious influence in public (schools).

zu 3 a): Letter to the editor
Re: "Peter Skerry, The American Exception" (August 21, 2006): I found Professor

Skerry's discussion of Islamist terrorism and his comparison and contrast of the American and European reactions to it very enlightening and in some parts (e. g. the percentages, tolerance of religious ties and integration into mainstream America) even surprising. I would like to add a few observations from a German point of view which might be interesting to American readers. The first one is that the United States is a country of immigration par excellence; in other words, it is made up of minorities of all sorts – ethnic, national, cultural and religious. In addition, it has a long tradition of dealing with large-scale immigration and has tested different concepts of making newcomers feel welcome and accepted, from the melting pot idea to the concept of the salad bowl and the mosaic. We in Germany are still experimenting and unfortunately, this is happening at the risk of having parallel societies unwilling and unable to integrate into the mainstream. Even more problematic: Some of the European nations have had to cope with their negative image as a colonial power, which has created resentment on the part of the immigrants from former colonies (e.g. Britain, France and the Netherlands). Germany's past as a colonial power has been more or less forgotten, which is a good thing. However, this meant that when the first immigrants from the so-called Third World arrived in Germany after the Second World War, we did not know how to treat them and are only gradually grasping it now. Finally, with reference to religion, Europe has lived with the consequences of the Age of Enlightenment and of secularization for centuries and thus finds it difficult to appreciate what religion can mean for a person's identity.

zu 3 b): Preparing a decision

Both pictures can serve as illustrations to go with Skerry's comment. Both illustrate important aspects and arguments presented in the text. The first one shows the American way of treating Muslims, here Muslimas (!), showing them playing basketball in casual dress with only one wearing the traditional dress and head-scarf; the second one shows a street scene, quite obviously in England. The opposition of the two sides is shown through the police officers guarding the fence.

As the comment deals with the American and European reactions to Islamist terrorism, I would choose both illustrations to go with the text and a caption that underlines the contrast, e.g. "Two worlds and two reactions to Islamist terrorism". In case I had to decide for one picture only, I would prefer the second one because I am addressing a European audience.

Component 1

Ethnicity and identity

Getting started

Als Einstieg in die Unterrichtsreihe dienen die Collage auf S. 6 – 7 der Textsammlung sowie das Foto auf dem Umschlag.

Die Deutung der Plastik von Luise Kött-Gärtner auf dem Umschlagbild sollte die Vorstellung des Bandes und seiner Thematik einleiten. Dazu bearbeiten die Schülerinnen und Schüler in Partnerarbeit die Aufgabe auf S. 3 des Unterrichtsmodells.

Lösungsvorschlag

moving apart or moving together – separation, torso or unity, completeness – only a part or a whole, depending on the reaction of the beholder – harmony of a face or a distorted unity – one element incomplete without the other – the growing together of what belongs together – the little figures on top trying to help with the process but depending on the nature of the elements

Die Collage aus dem Bild vom Brand der dänischen Botschaft in Beirut Anfang 2006 und der Karikatur als Antwort auf die Veröffentlichung der Mohammed-Karikaturen einer kleinen dänischen Provinzzeitung soll auf die Aktualität und Grundsätzlichkeit des Kulturenstreits einstimmen (vgl. auch die Absetzung der Mozart-Oper *Idomeneo* in Berlin). Da der Band mit Ausnahme der abschließenden wissenschaftlichen Betrachtungen das Thema in literarischen Texten vorstellt, stellt sich auch die Frage nach den Möglichkeiten und den Grenzen von Kunst in einer aufgeklärten Welt.
Im Unterrichtsgespräch wird zunächst auf die im Textband abgedruckten Leitfragen eingegangen. Der Kontext der Karikaturen-Episode ist vorgegeben; es bedarf aber eines Hinweises auf den zeitlichen Abstand zwischen Erscheinen der Karikaturen und dem gewalttätigen Protest in der muslimischen Welt und dem Zusammenhang mit der Verbreitung durch das Internet, um den Schülerinnen und Schülern Material zum Nachdenken und Gesprächsanlass zu bieten.
An das Unterrichtsgespräch kann sich eine Internetrecherche anschließen. Zu Hause oder, wenn Zugang zum Internet möglich ist, in Gruppen während des Unterrichts suchen die Schülerinnen und Schüler Antworten auf die folgenden weiterführenden Fragen:

What was the role of the Internet and, above all, the other media in this controversy? Did the media representatives always act responsibly? Try to find positive and negative examples and comment on them.

Die Überlegungen zur Karikatur als Kritik u.a. von politischen und gesellschaftlichen Tendenzen kann überleiten zur Vorstellung des Bandes als einer literarischen Anthologie zum Zusammenleben der Kulturen.

Bernard Malamud, *The Lady of the Lake* (1953)

1.1 Henry Levin trying to shake off the past

Als *pre-reading activity* sollen die Schülerinnen und Schüler mithilfe eines Brainstormings ihre Erwartungen an die Geschichte zum Ausdruck bringen. Dazu kann folgende Frage gestellt werden, die die Schüler zunächst in kleinen Gruppen besprechen:

> From the title of the story and from the expectations raised by the first paragraph, sketch a possible outline of the story of Henry Levin travelling "abroad seeking romance" (p. 8, l. 4) and trying to shake off his past (p. 8, l. 5).

Mögliche Schüleräußerungen könnten so zusammengestellt werden:

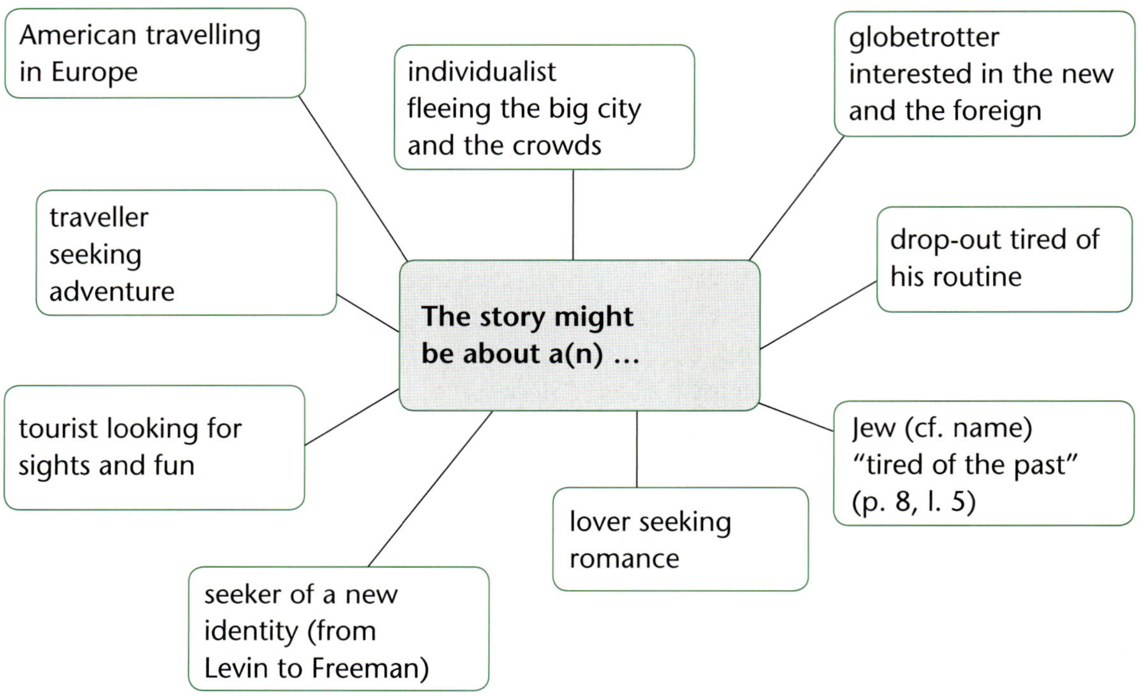

1.2 Ethnic and cultural identity in *The Lady of the Lake*

Anschließend lesen die Schülerinnen und Schüler in Einzelarbeit weiter bis S. 23, Z. 7 und halten dabei ihre Leseeindrücke in einem *reading log* fest. Dazu erhalten sie *Copy 1*.

Lösungsvorschlag zu *Copy 1*:

1. • of Jewish-American origin; middle class, quite well-off ("having recently come into a small inheritage", p. 8, l. 3), so he can afford to quit his job and go on a long journey; comes from a big city, New York, but likes being in the countryside ("a nature lover", p. 9, l. 12) and spending time on his own.

2. • one of the first things Henry does after having arrived in Europe is to change his surname ➡ seems to have a problematic attitude towards his Jewish name and origins

• one of the first questions Isabella asks him is "Are you, perhaps, Jewish?" (p. 14, l. 34) ➡ as it is one of her first questions and there

Reading log: Henry's ethnic and cultural identity

Read *The Lady of the Lake* from the beginning to p. 23, l. 7. While reading, take notes and answer the following questions:

1. What does the reader get to know about Henry's cultural and ethnic background?

____

____

____

____

____

2. How is the reader prepared for the importance of Henry's ethnic and religious identity?

____

____

____

____

____

3. How is the encounter of different cultures or civilizations presented in the story?

____

____

____

____

____

4. Henry changes his name and doesn't tell Isabel that he is a Jew when she asks him. What do you think about this attitude?

____

____

____

____

____

is no obvious reason why she should ask that question, it must be important to her and thus also to her relationship with Henry

3.
- contrast between Henry's background (big city, "modern" work in a department store) and the beauty, tradition and nature he hopes to find in Italy
- Henry is fascinated by the beautiful Italian names, the palazzo, statues and gardens (= old Italian culture), Isabella's face, which for him "holds the mark of history, the beauty of a people and civilization" (p. 14, l. 12f.)
- at the same time, he is disappointed by the cheap, touristy atmosphere of the islands and the fake paintings in the del Dongo's picture gallery

Im anschließenden Unterrichtsgespräch werden Auszüge aus einzelnen *reading logs* präsentiert und vertiefend besprochen. Dabei kann auch der folgenden Frage nachgegangen werden:

What is the function of Henry's repeated efforts to get closer to Isabella and to assure her of his love?

Lösungsvorschlag:

builds up tension and gives direction to the story; getting closer to Isabella is like being on a quest (cf. antique and medieval stories) during which the "hero" has to surmount several obstacles (the water; the unfriendly guide, who is also Isabella's father; Isabella's questions and her fast swim to the raft)

1.3 Henry and Isabella: A story of mutual deceit

Der letzte Teil der Kurzgeschichte (ab S. 23, Z. 8) liegt als Audio-Text auf CD vor. Bevor sich die Schülerinnen und Schüler diesen Teil anhören, sollen sie Vermutungen darüber anstellen, wie die Liebesgeschichte zwischen Henry und Isabella enden wird. Dazu bearbeiten sie folgende Aufgabe:

One year after his first visit to Isola del Dongo, Henry writes in his diary, remembering the events of that summer. Try to make the diary entry sound emotional and reveal whether Henry managed to win Isabella's love in the end.

Die Aufgabe kann, wenn eine Doppelstunde zur Verfügung steht, in Partnerarbeit während des Unterrichts bearbeitet werden. Andernfalls sollte sie vorbereitend als Hausaufgabe erledigt werden.
Die Texte können anschließend bzw. in der nächsten Stunde in der Klasse aufgehängt werden, sodass sie, z. B. während einer Pause, von allen Schülerinnen und Schülern gelesen und mit dem eigenen Tagebucheintrag verglichen werden können.
Nun wird der Audio-Text vorgespielt. Dazu erhalten die Schüler die Aufgabe, den tatsächlichen Ausgang der Geschichte mit dem von ihnen antizipierten zu vergleichen.
Dann erhalten die Schüler *Copy 2*. Neun Schülerinnen und Schüler übernehmen zunächst als Hauptverantwortliche jeweils einen der auf dem *observation sheet* vorgeschlagenen Aspekte, die übrigen Schüler der Lerngruppe ordnen sich zu.
Zu Beginn der Gruppenarbeit sollte darauf hingewiesen werden, dass die Schüler ihre Ana-

lyseergebnisse durch Zitate und Angabe von konkreten Textstellen belegen müssen. Auch das korrekte Zitieren und das Erstellen eines übersichtlichen *hand-out* sollte, bei Bedarf, an dieser Stelle erklärt und geübt werden.

Lösungsvorschlag zu *Copy 2*:

- **A psychological study of Henry Freeman (his biography, his beliefs, his worries, his doubts):** Jewish origin, middle class, shop assistant in a book store in New York; bachelor, at a critical point in his life; trip to Europe to find himself (and perhaps a wife); uncertain of his identity and his own self, constantly seeking; falls in love with Isabella, but does not reveal his true identity to her and thus, in the end, loses her
- **The description of Isabella, the Lady of the Lake (what does she personify?):** a beautiful Italian girl, living in a palazzo on the Isola del Dongo; to Henry the personification of all the beauty of Italy, the girl of his dreams; her question about whether he is Jewish is misunderstood by him; to her this question is not dictated by prejudice or curiosity but out of an existential need: she was in a concentration camp because of her Jewish origin; her real social position is finally revealed: daughter of the caretaker
- **The story as a parable of betrayal of one's identity and expulsion from paradise:** story is a parable of true and denied or mistaken identity; to Henry, Isabella is the personification of Paradise from which he is expelled because he fails to give the correct, the true answer that he is a Jew; just like in a fairy tale, he has lost the prize, which he would have got if only he had told the truth
- **Religious elements and connotations, especially Jewish and Christian symbolism:** the journey as a kind of pilgrimage (cf. Percival's quest for the Holy Grail and the motif of the question); allusion to Jewish and Christian symbols (the Menorah as opposed to the Virgin's crown, p. 25, l. 24 and 33); the symbolism of the question about one's very existence (cf. the question put to St. Peter by Jesus) and the repeated denial; the presentation of Isabella as a kind of glorification
- **The description of nature and its realistic and symbolic function (idyllic place and paradise):** the description of lush nature set against the world of the metropolis Henry has fled from, seen from the point of view of a tourist but also a nature lover; the secret and secluded world of the Isola del Dongo (cf. Isa – bella) that you can only enter upon invitation and with a kind of password, promising fulfilment and paradise
- **References to nations and national characteristics (Americans, Italians, French, Germans):** H. F. as the typical representative of the Americans (cf. conversation between Henry and Isabella's father (p. 18, l. 33ff.) and their wealth; their fascination with what is old; the Germans as easy prey for vendors (p. 9, l. 43ff.); the French with their love of the island perhaps because of Napoleon (p. 10, l. 16ff.); British ladies (p. 12, l. 33); Isabella's "sharp Italian face" with "that quality of beauty, which holds the mark of history, the beauty of a people and a civilization" (p. 14, l. 12ff.)

Observation sheet: *The Lady of the Lake*

In your group, choose one of the following aspects and analyse it thoroughly. Prepare a hand-out that will help you to present your results to the class.

- A psychological study of Henry Freeman (his biography, his beliefs, his worries, his doubts)
- The description of Isabella, the Lady of the Lake (what does she personify?)
- The story as a parable of betrayal of one's identity and expulsion from paradise
- Religious elements and connotations, especially Jewish and Christian symbolism
- The description of nature and its realistic and symbolic function (idyllic place and paradise)
- References to nations and national characteristics (Americans, Italians, French, Germans)
- The structure of the story
- Observations on language and style
- A comparison of your expectations and the writer's end to the story

- **The structure of the story:** below the surface of a travelogue with a development in time and space, there is gradual convergence towards unification of the two lovers on the face of things which, nevertheless, has an undercurrent pointing in the opposite direction (alienation and separation) and total disillusionment at the end
- **Observations on language and style:** careful and detailed description of the beauty of Isabella, of nature (island, park, garden) and of the interior of the palazzo with all the paintings; intense reflection on Henry's state of mind, the weighing of his doubts stressing his deep uncertainty of himself; use of humour and irony, close to life dialogue, very realistic and natural; Henry's poetic diction when it comes to talking about his love (cf. p. 14, l. 14ff.)
- **A comparison of your expectations and the writer's end to the story:** one might have expected a kind of love story with a happy ending: well-to-do American finds Italian princess ... or: a story about insurmountable differences between the cultures of the old and the new world; the writer's eventual choice to stress the importance of one's identity and one's past even at the expense of one's personal happiness (e.g. in marriage)

Im Anschluss an die Gruppenarbeitsphase werden die Analyseergebnisse vorgetragen und im Plenum ergänzt.
Abschließend sollen die Schülerinnen und Schüler in Form eines Rollenspiels den Ausgang der Kurzgeschichte bewerten. Dazu bearbeiten sie in Paaren folgende Aufgabe:

Imagine Henry and Isabella meeting again after the final incident of the story. Henry tells Isabella that he is a Jew and that he lied to her. Are they "quits" (p. 26, l. 41) now because they both told a lie and confessed it? Illustrate the reasons for and consequences of their mutual deceit in a role-play.

Bei der Besprechung der Dialoge sollten folgende Aspekte herausgearbeitet werden:

- on the face of things, they might be quits
- but to Isabella, her past is "meaningful" (p. 28, l. 22) because she treasures what she suffered for (p. 28, l. 23) while Henry is just "tired of the past" (p. 8, l. 5)
- the central issue is the importance of religion and cultural identity: to Isabella, it is crucial while Henry Freeman can be seen as the representative of liberal Jewry

Component 2

A nation of immigrants: Multi-ethnicity in the United States

Michael Blake, *Dances with Wolves* (1988)

2.1 It was their land: The Native Americans

Im ersten Teil des Kapitels *Multi-ethnicity in the United States* geht es um den Aufeinanderprall der Kulturen, *the culture clash*, der weißen, europäisch geprägten Amerikaner und der *Native Americans*. Dabei handelt es sich bei dem Auszug aus *Dances with Wolves* um einen Text, der zur Zeit der Indianerkriege spielt, während die drei anderen Texte das Leben der Indianer im 20. Jahrhundert zum Thema haben.
Als Einstimmung auf das Thema „Native Americans" eignet sich eine *pre-reading activity*, die alternativ in arbeitsteiliger Partner- oder Gruppenarbeit durchgeführt werden kann. Dazu wählt jede Gruppe eine der folgenden Aufgaben:

- Sammeln von Material wie Bilder, Hinweise auf Literatur und Filme, Songs und arbeitsteilige Aufbereitung in Form einer Wandzeitung, einer Tondokumentation, einer Bilderschau
- Internet-Recherche zu Cynthia Ann Parker, der weißen Mutter des großen Indianerhäuptlings Quanah Parker aus dem Stamm der Komantschen, die als literarisches Vorbild von Stands with a Fist gelten kann
- Vorstellung des kulturgeschichtlichen Konzepts des edlen Wilden
- Schülerreferat zu Chief Joseph oder zu Quanah Parker
- Zusammenstellung eines *film guide* mit ausgewählten und kommentierten Szenen aus Kevin Costners Film *Dances with Wolves* oder aus Chris Eyres Film *Smoke Signals* (dieser hat im Gegensatz zu *Dances with Wolves* das Leben der heutigen Indianer zum Thema)

2.2 Breaking down language barriers

Hauptthema des Auszugs aus *Dances with Wolves* ist die Sprachbarriere, die die Kommunikation zwischen Dunbar und den Komantschen erschwert, und die Überwindung dieser Barriere mithilfe von Stands with a Fist.
Eine erste Lektüre des Textes kann als Hausaufgabe erfolgen. Lektürebegleitend fassen die Schülerinnen und Schüler jeden der drei Teile des Textes kurz zusammen:

Read the excerpt from *Dances with Wolves* and sum up in a few words what the parts of the chapter are about.

Lösungsvorschlag:

Part one: "one of the most satisfying days of Lieutenant Dunbar" (p. 29, l. 1 f.) gaining the Indians' respect
Part two: the teaching/learning process as a process of understanding and gradual transformation, a "miracle of the highest order" (p. 33, l. 19 f.)
Part three: Dunbar learns his Comanche name (p. 34, l. 29 f.)

Ziel der nächsten Stunde ist es, die Rolle von Sprache beim Überwinden kultureller Grenzen und Gegensätze herauszuarbeiten. Dazu analysieren die Schülerinnen und Schüler in Partnerarbeit einige zentrale Textstellen (*Copy 3*).

Lösungsvorschlag zu *Copy 3*:

1. quotation shows the possibility of communicating, of "talking together", without knowing each other's language when there is respect and the will to understand each other
2. quotation stresses the harmony between Dunbar and Stands with a Fist; shows that they are "two people of like mind" (p. 32, l. 2)
3. quotation illustrates the power of learning languages to open up closed doors; in this case, they are doors to Stands with a Fist's past; learning Dunbar's language makes her learn things about herself and become aware of her non-Indian origins ("her long-buried blood was running again, her undiluted white blood", p. 33, ll. 34–35)
4. quotation illustrates the equal standing of the two languages in this context; not only one of them, but both learn the language of the other; saying the words in both languages creates a feeling of belonging together
5. on the bark Dunbar had written down the Indians' names in phonetic Comanche (p. 32, ll. 33–36); learning their language makes it possible for him to share a common future with them
6. Kicking Bird feels that a wall is being torn down between them, the wall of not being able to speak to each other; illustrates the importance of having a common language when communicating
7. quotation shows that teaching and learning languages is like a bridge between people and at the same time helps them to grow in their personality

Im Anschluss an die Analyse des Textauszugs bietet es sich an, mit den Schülerinnen und Schülern Ausschnitte aus dem Film von und mit Kevin Costner anzusehen. Dabei wird die Stelle zunächst ohne Ton vorgespielt. Nach einer kurzen Besprechung der filmischen Umsetzung erhalten die Schüler die folgende Aufgabe, die sie in kleinen Gruppen bearbeiten:

Watch the film sequence(s) again. On the basis of the text, make up possible dialogues for the scene(s).

Die folgenden Filmszenen sollen die stetige Entwicklung der Kommunikation zwischen Lieutenant Dunbar und den Sioux, vor allem zwischen Dunbar und Stands with a Fist, veranschaulichen: Ch. 8 (0:48:05–0:54:35); Ch. 9 (0:56:30–0:59:50); Ch. 11 (1:05:45 – 1:13:35); Ch. 16 (1:41:00–1:43:14); Ch. 17 (1:44:50–1:46:46); Ch. 21 (2:19:00–2:24:54); Ch. 24 (2:39:32–2:40:38).
Gegebenenfalls kann diese Aufgabe arbeitsteilig durchgeführt werden, d.h. jede Gruppe bearbeitet nur einen kurzen Ausschnitt.
Die Gruppen spielen ihre Dialoge dann dem Plenum vor, das beurteilt, inwieweit der Dialog der Film- und Textvorlage entspricht. Zum Schluss schauen sich die Schülerinnen und Schüler die Filmausschnitte noch einmal mit Ton an und vergleichen die Dialoge des Films mit ihren eigenen und mit dem Text.

The function of language in *Dances with Wolves*

The main topic of this extract of *Dances with Wolves* is language and its role in the breaking down of "walls" between two different cultures.

Analyse the following quotations from the text and show the effect the process of learning each other's language has on Dunbar and the Indians.

1. "The same sentiments were foremost in Wind in the Hair's thoughts, and they sat down together for an amicable chat, though neither man could understand what the other was saying." (p. 30, ll. 23–26)

2. "It so happened that they [Dunbar and Stands with a Fist] turned their heads, opened their mouths, and said the word at precisely the same time." (p. 31, ll. 42–43)

3. "... inwardly she was thrilled. The English words were showering in her head like sparks as thousands of doors, locked up for so long, swung open." (p. 32, ll. 37–40)

4. "To hear him say these words, in English and Comanche, meant something special to her." (p. 33, ll. 6–7)

5. "Best of all was the little piece of bark he held in his hands. [...] It was the first section of a map that would guide him into whatever future he had with these people." (p. 33, ll. 13–16)

6. "When he heard the lieutenant say his name in Comanche, it was as though an impenetrable wall had suddenly turned to smoke. And they were walking through. They were communicating." (p. 33, ll. 23–26)

7. "She was no longer a Comanche. In making herself a bridge for their words, she had become something more." (p. 33, ll. 28–29)

Abschließend sollen die Schülerinnen und Schüler schriftlich überlegen, wie Sprache ihnen schon einmal verschlossene Türen geöffnet hat. In Einzelarbeit bearbeiten sie dazu folgende Aufgabe, die auch als Hausaufgabe möglich ist:

> Think of an incident when language – your own language or a language that you have learnt – has opened a door for you. Write a comment comparing this incident to the story of Dunbar and Stands with a Fist.

Buffy Sainte-Marie, *Now that the Buffalo's Gone* (1964)

2.3 The extinction of the buffalo – the end of a culture?

Als Einstimmung auf *Now that the Buffalo's Gone* bearbeiten die Schülerinnen und Schüler in Partnerarbeit *Copy 4*. Dabei geht es um die Interpretation des Fotos „Golgotha", das einen riesigen Haufen Büffelschädel und -knochen zeigt. Außerdem wird ein Lückentext ausgefüllt, der den Schülern historische Hintergrundinformationen zur Ausrottung der nordamerikanischen Büffel durch die Weißen im 19. Jahrhundert liefert.

> **Lösungsvorschlag zu *Copy 4*:**
>
> **Interpretation of the photo:** The naming of the giant heap of buffalo skulls and bones as "Golgotha" gives the killing of the buffalo an almost religious dimension by comparing it to the crucifixion of Jesus Christ. The photographer obviously wanted to stress the dimension of the killing and the effect it had on man by placing the human figures in the picture.
> **Cloze:** The words of the original text are: 1) disappeared, 2) a vast quiet, 3) gone, 4) purpose, 5) abolish, 6) ruthless, 7) harvesting, 8) control, 9) greedy, 10) posterity.

Nun hören sich die Schülerinnen und Schüler Buffy Sainte-Marie's Song an und notieren sich, was sie verstanden haben und für wichtig halten. Das Lied stammt von Buffy Sainte-Maries CD „Up Where We Belong" (erhältlich z. B. bei Amazon) und steht auch einzeln im Internet als Download zur Verfügung (z. B. auf der Seite www.7digital.de).

> Listen to the song, then jot down what you remember.
>
> **Lösungsvorschlag:**
>
> - former pride in being Indian
> - Indians have been mistreated
> - comparison with what happened to the Germans (left them pride and land)
> - broken treaties
> - not a thing of the past, still going on – you can help now

Anschließend hören sich die Schülerinnen und Schüler den Song noch einmal bei geöffnetem Buch an und bearbeiten dann in Gruppenarbeit folgende Aufgabe:

> Now study the text in detail and put it into its context.

The extinction of the buffalo

Look at the photo "Golgotha". What does it tell you about the extinction of the buffalo in North America?

Golgotha: buffalo skulls heaped at trackside in Detroit, Michigan, ready to be hauled to the Michigan Carbon Works, 1880s

In the text that goes with the documentary photograph, the words in the numbered gaps have been deleted. Fill in the words which you think might best express the self-critical attitude of Frank Mayer, the interviewee.

The buffalo hunters went back to work until both the northern and the southern herds had all but (1) ________________. Then, "one by one," Frank Mayer recalled, "we runners put up our buffalo rifles, sold them, gave them away, or kept them for other hunting, and left the ranges. And there settled over them (2) __________________. [...] The buffalo was (3) ___________." For his years as a buffalo runner, Frank Mayer had his wagon and outfit free and clear, and several thousand dollars in the bank. He left the Plains, married a girl in Denver, and took a job in the Rocky Mountains – hunting game to feed the miners of Leadville.

"Maybe," he recalled, "we runners served our (4) ______________ in helping to (5) ______________ the buffalo; maybe it was our (6) ________________ (7) _____________________ of him which telescoped the (8) ______________ of the Indian by a decade or maybe more. Or maybe I am just rationalizing. Maybe we were just a (9) ________________ lot who wanted to get ours, and to hell with (10) ________________, the buffalo, or anyone else, so we just kept our scalps on and our money pouches filled. I think maybe that is the way it was."

From: Geoffrey C. Ward, *The West. An Illustrated History*, p. 283 f.

Für den zweiten Teil der Aufgabe sollten die Gruppen Zugang zum Internet haben, um Informationen zum historischen Hintergrund und zu den im Lied erwähnten Indianervölkern suchen zu können. Alternativ kann der Lehrer jeder Gruppe Informationsmaterial zur Verfügung stellen.

Lösungsvorschlag:

- appeal to the listeners/readers to draw consequences from their common Indian roots, which once filled them with pride
- reference to the destiny of the Indians ("mistreated and wronged", l. 8)
- comparison with the fate of the defeated Germans whom they left their pride and land while the treaties with the Indians were and still are being broken
- they still claim Indian land
- they/you have to help – reference to the extinction of the buffalo, which destroyed the foundation of Indian life
- the song as a document of the growing self-awareness of the Indian nation within the context of the Civil Rights Movement of the sixties

Abschließend hören sich die Schüler den Song ein letztes Mal an und achten nun auf die Musik. Dabei machen sie sich Notizen, die sie als Hausaufgabe ausformulieren:

Explain what the music contributes. What does it add to the basic text?

Lösungsvorschlag:

- the music has a strong effect on the listeners: strong emotional, emphatic element; close to that of a protest song
- the musical arrangement, the instrumentation and rhythm intensify the authenticity of the song and make it a genuine expression of Native American life and culture

Simon J. Ortiz, *The Killing of a State Cop* (1975)

2.4 Reversal of roles: discrimination between minorities

Die Schülerinnen und Schüler lesen zunächst nur Titel und Einleitung der Kurzgeschichte und beantworten als *pre-reading activity* folgende Frage:

What do the title of the story and the introduction evoke?

Die Beantwortung der Frage kann in Form eines Unterrichtsgespräches geschehen, bei dem der Lehrer die Ideen der Schüler stichwortartig an der Tafel festhält, sodass nach Lektüre der Geschichte überprüft werden kann, welche Äußerungen auf die tatsächliche Geschichte zutreffen.

Lösungsvorschlag:

- an extreme situation
- hatred, aggression
- tension

- the inclusion of biographical information
- cop-gangster constellation
- reversal of roles
- transfer to Indian territory
- the mixing of genres: crime story – Western story
- affinity to film-making

Die Lektüre und eine erste Analyse der Kurzgeschichte erfolgt in Gruppenarbeit. Dabei bearbeiten die Schülerinnen und Schüler *Copy 5*.

Lösungsvorschlag zu *Copy 5*:

1. The places in the story divide the text into three parts. They furthermore have a symbolic significance since they mark the characters' territory (town: Baca – the highway as neutral territory – reservation: Indians) and indicate their superiority in the chase.

2. There is hardly any psychological development in the characters. Both Baca and the Indians are flat characters: representatives of two minorities whose behaviour depends on who is in control. Baca's development results in his final feeling that he cannot expect any sympathy while the Indians' awareness culminates in the hopelessness of their situation and the inevitability of their punishment.

3. This hopelessness is also the source of their uncontrolled violence.

Zu Aufgabe 4 kann während der Besprechung der Arbeitsergebnisse im Plenum folgendes Tafelbild entwickelt werden:

The chase: the reversal of the hunter and the hunted

Traditional pattern:	**Gradual reversal of roles:**	**Reversal of agent and victim:**
Hunter: the Mexican-American cop	Hunter ↔ hunted	The killing of the state cop as an act of revenge (followed by punishment)
Hunted: the Indians	Cop threatened by Indians	
	Indians losing their fear	
Town: Baca's territory	Highway: neutral territory	Reservation: Indian territory

Setting and place of action

⬇

Gradual build-up of tension until the final show-down

Hunting the hunter: Analysis of *The Killing of a State Cop*

In your group, read the short story *The Killing of a State Cop* and answer the following questions.

1. Try to structure the text. Sketch the development of the action and relate it to the different places.

2. Can you trace a development of the characters? What role does the narrator play?

3. How would you explain the outbreak of utter cruelty?

4. Interpret the image of the chase underlying the story and try to present it in a structural chart.

Anschließend lesen die Schülerinnen und Schüler die Kurzbiografie über Simon J. Ortiz und erarbeiten in Partnerarbeit, welchen Einfluss seine indianische Identität auf Inhalt und Erzählweise der Geschichte hat.

Read the short biography about Simon J. Ortiz on p. 135 of the text book and analyse how his Native American origins might have influenced the writing of this short story.

Lösungsvorschlag:

The writer speaks as a victim of racial/ethnic discrimination himself. He knows what he is talking about (life on the reservation, the daily humiliation in town, the influence of alcohol, his welcome service in the army (which did not give him the pride he deserved), his fear of what others could do to him). Nevertheless, Ortiz presents discrimination and revenge from different points of view: that of the victim Felipe, his brother Antonio and the sympathetic narrator with his family, who ironically enough seems to share part of the culture (cf. the Spanish names) and faith (cf. rosary) with Luis Baca, the cop, the agent who in the social pecking order is just one step ahead of them.

Als Hausaufgabe können die Schülerinnen und Schüler zwischen einer analytischen und einer kreativen Aufgabe wählen.

Choose one of the two follow-up activities:

1. Examine the role of the members of minorities in this story.
2. Rewrite the story as a newspaper article or as a court report.

Lösungsvorschlag:

1. Both Baca and the Indians belong to two minorities in an Anglo society, though they both feel they can claim priority. This frustration leads to rebellion in the case of the Indians and the demonstration of social superiority and the display of power in the case of Baca. The utter frustration and humiliation of the Indians must lead to an explosion of hatred with no hope of a better future. This fatal end is set up by many incidents showing how the Indians are discriminated against, e.g. being denied the right to drink alcohol, being driven out of town, and being chased on the highway.
2. A glimpse at a **newspaper** article which appeared in the *Santa Fe Chronicle*: After a short trial, Felipe O., living on the reservation near Taos, was sentenced to life-long imprisonment. The jury found him guilty of having brutally killed Luis Baca of the Highway Patrol. The motivation for this killing, which was almost like an execution, was obviously hatred of the officer, who was said to have discriminated against the defendant over many years. The true tragedy of this story is that Felipe O. served with distinction in the Korean War but never really settled again after he had returned to his native reservation. Witnesses who had seen him prior to the deed testified that he had been drinking. He was accompanied by his brother who is still wanted by the police.

An excerpt from a **court-report:** This is indeed a tragic story which throws light on what the so-called silent majority has let happen under its very eyes. A former war hero of the Korean War and a proud Navajo became the victim of a badly handled integration policy by the Bureau of Indian Affairs and finally ended up as the village drunk. In the cross-examination, the defendant almost managed to convince the jury that after the long years of humiliation by the murdered officer revenge had to become almost unavoidable. The psychiatrist called in to testify came to the same conclusion. Nevertheless, it was up to the jury and the judge to uphold the statutes of the law: We don't live in the Wild West anymore.

Ein Teil der Kurzgeschichte, S. 38, Z. 34 bis S. 41, Z. 18, liegt als Audio-Text auf CD vor. Diese Aufnahme hören sich die Schülerinnen und Schüler nun an. Anschließend bearbeiten sie in kleinen Gruppen folgende Aufgabe:

Turn the part of the story recorded on CD into a screenplay. Think about dialogue, setting, a suitable soundtrack, camera angles, etc.

Lösungsvorschlag:

- sparse dialogue of the two brothers
- setting: very important to stress the Indians' native land, their own territory, a detailed description of a "typical" Western landscape should be given
- soundtrack should intensify the drama of the confrontation with music (not necessarily ethnic music), only briefly interrupted by the noise of the shooting
- camera angle (overhead or bird's eye) helps to show the brothers in their superior position and low key (darkness) can stress the mysteriousness of this final showdown
- field-sizes: the clip could start with an establishing long shot and gradually zoom in on the two brothers (close-up) and then pan over to Baca and fade-out with him lying there dead

Gay Talese, *The Bridge* (1987)

2.5 Bridging the gap between Native American traditions and modern society

In Anlehnung an den Titel soll die gezielte Suche nach Bildern (Fotos oder Gemälden) mit dem Brückenmotiv die Lernenden für die Bedeutung und Aussagevielfalt (von der technischen Leistung über die ästhetische Qualität bis zur Funktion der Verbindung mit ihrer auch übertragenen Bedeutung) dieses Motivs sensibilisieren. Als Hausaufgabe lesen die Schülerinnen und Schüler den Text *The Bridge* und bearbeiten *Copy 6.*
Nachdem in der folgenden Stunde einige Schülerinnen und Schüler der Kursgruppe die von ihnen ausgewählte Brücke vorgestellt haben, wird in einem Unterrichtsgespräch die folgende Frage erörtert:

How can the different images of bridges be used as a sort of introduction or illustration to Talese's story?

Bridges

Pick one of the pictures of a bridge from the collage that you think goes best with your idea of a bridge. Alternatively (or additionally), look for pictures of bridges to go with the text in magazines or on the Internet.

Lösungsvorschlag:

The bridges could refer to:

- the job of the ironworkers
- the episodes at Danny Montour's forefathers (Quebec Bridge) and to their driving past the George Washington Bridge, which gives Danny ideas
- Danny's pride in his work, in creating something grand (mountain-builder)
- in a symbolical way, the bridge stands for two entities divided but connected

In Partnerarbeit analysieren die Schülerinnen und Schüler den Text nun genauer und bearbeiten dabei folgende Aufgabe:

Show to what extent the text illustrates the dilemma of the modern Native American. How does the "white" American civilization affect their traditional life-style?

Die Arbeitsergebnisse können anschließend im Plenum besprochen und in einem Tafelbild festgehalten werden:

The dilemma of the modern Native Americans in *The Bridge*

Negative aspects of modern life	Positive aspects of modern life
• Indians presented in this text are displaced persons; they live and work in places (industrial, technological, urban world) that are opposite to their former traditional, natural environment • many of them seem to die in traffic or construction accidents (p. 41, ll. 5–14) • the text frequently refers to alcohol ➡ the men seem to drink a lot (p. 42, ll. 13–14; p. 42, ll. 42–44) • the men have to commute; they are separated from their family background • contrary to their traditional way of life, money plays a very important role in their present situation (p. 42, ll. 14–20)	• job secures their income and their social position on the reservation • their work is very constructive: the effects can be seen (p. 42, ll. 23–25) ➡ work gives them satisfaction • highly specialized work links their (cliff-dweller) Indian qualities of being able to work in high altitudes with the demands of the modern industrial world ➡ work gives them pride and recognition

Als Hausaufgabe bearbeiten die Schülerinnen und Schüler eine Aufgabe, die sich noch einmal zusammenfassend auf alle Texte der Unterrichtseinheit über die *Native Americans* bezieht.

Trace the development of the image of the Native Americans in the texts of this chapter.

Lösungsvorschlag:

Four main stages of the development:

1. idea of two different peoples, nations, civilizations ("impenetrable wall", p. 33, l. 24)
2. white man's awareness that reparation has to be made
3. rebellion against discrimination which still lives on even though equality is granted
4. matter-of-fact acceptance of being integrated into American society

Harriet Jacobs, *Scenes at the Plantation* (1861)

2.6 They were not asked: The African Americans

In dieser Unterrichtseinheit geht es um die Afrikaner, die als Sklaven nach Amerika kamen. Sieht man einmal von den Kriegsgefangenen ab, die nach ihrer Gefangenschaft dort sesshaft wurden, kamen alle Einwanderer – zwar oft auf der Flucht vor Not, Terror und Unterdrückung oder getrieben aus Abenteuerlust – aus freiem Willen und mit großen Hoffnungen in dieses ferne, unbekannte Land. Die Sklaven aus Afrika jedoch waren Opfer skrupelloser Händler. Sie waren in ihrer Leibeigenschaft und totalen Abhängigkeit als billige und rechtlose Arbeitskräfte willkommen und oft eine der Quellen des Reichtums des amerikanischen Südens.

Als Einstieg in dieses Thema eignet sich eine Internetrecherche. Dabei bearbeiten die Schülerinnen und Schüler entweder als Hausaufgabe oder in Gruppen während des Unterrichts *Copy 7*.

Lösungsvorschlag zu *Copy 7*:

1. African men, women and children were needed as cheap labour in the South, where the big cotton plantations were. For their white masters, they were a good investment and an important economic factor.
2. It had a great effect on their self-awareness: The Blacks or the Negroes, as they were called by their white masters then, were sold at auctions and treated like animals or goods. They had no rights and as a rule did not get any education. Some of them, however, (for example Harriet Jacobs) learned to read and write in order to study the Bible.
3. President Abraham Lincoln fought a Civil War to set the slaves free and to abolish slavery. In the end, it took more than one hundred years and the efforts of many determined personalities such as Martin Luther King to fulfil this dream of equality. The fact that both Lincoln and King were assassinated shows how strongly many, and not only Southerners, felt about the issue of racial equality and full civil rights for the African Americans.

Internet research: Slavery in the United States

Look for information about slavery in the United States on the Internet.
You can use your favourite search engine or start off from one of the following sites:
www.slaveryinamerica.org or www.spartacus.schoolnet.co.uk/USAslavery.htm.
Think of an interesting way of presenting your findings in class.

1. Why were Africans brought to America, and why were they kept as slaves?

2. What does the fact that they were not asked mean for their self-awareness?

3. Try and trace stages and personalities in the process of the abolition of slavery.

2.7 Black, woman and slave – an unusual author

Der Textauszug *Scenes at the Plantation* stellt zumindest in Andeutungen die historische Perspektive des gewachsenen Selbstverständnisses der afro-amerikanischen Minderheit in den USA vor. Er zeigt, was es hieß, Sklavin zu sein, wenn auch in der außergewöhnlichen Ausprägung einer selbstbewussten, für ihre Zeit erstaunlich emanzipierten und (in Bezug auf Lesen und Schreiben) gebildeten Frau. Die Authentizität der Darstellung dieses afro-amerikanischen Frauenschicksals gründet in der Fülle der Erzähldetails, im Wechsel der Darstellungsperspektive und in der Ausgewogenheit des Urteils, das auch da Einseitigkeit meidet, wo es die Sache des Opfers vertritt.

Die Schülerinnen und Schüler lesen zunächst die Einführung sowie den ersten Teil der Erzählung bis S. 45, Z. 2. In Partnerarbeit sammeln sie Informationen über Harriet Jacobs, dazu bearbeiten sie *Copy 8*.

Lösungsvorschlag zu *Copy 8*:

1. In that era, it was very unusual for a black woman and slave to be able to read and write.
2. Harriet is a mother, but has to leave her sick boy and other children with her grandmother to follow her master. She takes her daughter with her, knowing that she will be treated as a slave. The description of her work-day shows her subordinate position: obey orders, duty, receive orders, task, work day and night, fear of being "broke in" (p. 44, l. 4), regarded with a suspicious eye. Harriet fulfils her work dutifully but her mind is busy reflecting on the fate of her children and obviously "planning" a future in freedom.
3. The picture of her master is ambiguous, for he is both the slave-master (p. 44, ll. 1–9) and a man with at least a little feeling for children (p. 43, ll. 13–15 and p. 44, ll. 37–41). Even though Harriet is his slave, she doesn't act very submissively, e.g. she sends her daughter home without asking his permission (p. 44, l. 43 to p. 45, l. 2). The master seems to accept and respect this because Harriet is a good worker.
4. The story is told in the first person, from Harriet's point of view. She tells the story in a very emotional way, doesn't hide her sadness ("I had many sad thoughts ...", p. 43, ll. 2–3; "How much more must I suffer ...?", p. 44, l. 17). When she refers to her daughter and children in general, she uses tender words like "my little one ..." (p. 43, l. 4) side by side with the harsh things they have to endure ("my little one was to be treated as a slave", p. 43, ll. 4–5; "as I daily saw him beat other little ones", p. 44, ll. 14–15), thus invoking pity.

Um ihr Verständnis von Harriets Persönlichkeit und der Beziehung zwischen ihr und Mr. Flint zu veranschaulichen, denken sich die Schülerinnen und Schüler nun zu der auf S. 44 unten beschriebenen Szene einen Dialog aus.

Read again the scene described on p. 44, l. 43 to p. 45, l. 2. In pairs, make up a dialogue that reflects Harriet's personality and her relationship with Mr. Flint.

Anschließend spielen einige Paare ihren Dialog der Kursgruppe vor, die beurteilt, wie gut Wortwahl und Darstellung zu der vorher erarbeiteten Charakterisierung passen.

Character study: Harriet Jacobs

Read the introduction to *Scenes at the Plantation* and the first part of Harriet's story (up to p. 45, l. 2). Then answer the following questions:

1. *Scenes at the Plantation* was written in the nineteenth century. What was so special about the author of this autobiographical description?

2. Give a description of Harriet's situation. Pay special attention to what the choice of words reveals about Harriet's life on the plantation.

3. How does Harriet present her master, Mr. Flint? How would you characterize the relationship between Harriet and the master?

4. How does the narrative point of view used help to make the reader feel empathy?

Der zweite Teil des Textauszugs liegt auf CD vor. Die Schülerinnen und Schüler hören sich die Passage zunächst ohne Text an. Dazu erhalten sie folgende Aufgabe.

Listen to the piece on the CD. Which three parts can the passage be divided into? Take notes while listening.

Lösungsvorschlag:

1. Harriet's night-trip to her grandmother (p. 45, ll. 3–43)
2. Aunt Fanny's visit to the plantation (p. 45, l. 44 to p. 46, l. 42)
3. planning the escape (p. 46, l. 43 to p. 47, l. 31)

Nachdem die Schülerinnen und Schüler sich den Auszug ein zweites Mal angehört haben (diesmal mit Text), beantworten sie folgende Frage:

What does each of the three parts reveal about Harriet's situation and her feelings about it?

Lösungsvorschlag:

1. The main impressions one gets when reading the first part are the secrecy and the danger that apply even to the most natural thing in life, i. e. a mother wanting to see her children.
2. The Aunt Fanny episode shows the contrasting image of a private relationship and "cosey times" (p. 46, l. 10) between a white lady and the black former slave (whom she had bought at the auction in order to free her). This episode of friendliness and benevolence intensifies Harriet's urgent desire to be free, to also be independent from charity (p. 46, l. 28). Harriet's plans to escape are carefully developed and shown as the ultimate solution after friends' attempts to purchase her and her family have failed.
3. The arrival of Mr. Flint's bride and the absence of her master make Harriet rush her plan to escape. The notion that everything will be for a last time (the last, the last day, last talks, last time) leads to "conflicting emotions" (p. 47, l. 24), but she has made up her mind: It will be freedom or doom (see antithesis of "save" or "perish", p. 47, l. 31).

Nun hören sich die Schüler den Textauszug ein letztes Mal an, wobei sie sich diesmal auf die Art und Weise der Aufnahme konzentrieren. Sie erhalten folgende Aufgabe:

Listen to the recording again. What does the audio-presentation add to the text? Explain the "new tone" in the final part. What does it tell you about the young woman's new awareness and resolution?

Die Antworten auf diese Frage werden in einem Unterrichtsgespräch zusammengetragen.

Lösungsvorschlag:

- Harriet's narrative is like an oral form of a diary ➡ can best be seen in the oral tradition of tale-telling
- the piece on CD gives insight into the particular atmosphere; makes the reader participate in Harriet's emotions and her reasoning ➡ recording reveals much more than meets the eye

- audio-version gives the listener an idea of the pronunciation of Black vernacular, which in the written version is Standard American English
- "new tone": from the depressing past and present to a hopeful future; new courage and resolution to escape from slavery

Um die Lebensbedingungen, vor allem von jungen schwarzen Frauen, auf den Plantagen im Süden zu veranschaulichen, können einige Ausschnitte aus der Verfilmung von *Roots* gezeigt werden (speziell Episode 2, Clips 3, 7–9, 13 und Episode 3, Clips 7–9). Der Roman *Roots* von Alex Haley erschien 1974, also mehr als 100 Jahre nach Harriet Jacobs' Autobiographie. Anschließend erhalten die Schülerinnen und Schüler folgende Hausaufgabe:

Can you explain why this film stirred the conscience of a whole nation and boosted the campaign for racial equality?

Lösungsvorschlag:

- the emotional factor of the visualization, the emphatic impact of characters on the screen, the vivid interaction, the personalization of abstract concepts such as love and hate, discrimination and equality, slavery and freedom in a film which was about a group of the nation whose story so far had been almost totally neglected
- mass phenomenon of TV films which reach an audience that could never be reached by even the most popular novel

Harper Lee, *To Kill a Mockingbird* (1960)

2.8 Fighting the discrimination against Afro-Americans

Als *pre-reading activity* suchen die Schülerinnen und Schüler in arbeitsteiliger Gruppenarbeit im Internet nach Informationen zu John F. Kennedy, Martin Luther King und Rosa Parks. Dabei geht es darum, dass sich die Schüler der bis in die Mitte des 20. Jahrhunderts fortdauernden Diskriminierung der Afro-Amerikaner bewusst werden und sie die Formen der damaligen politischen Reaktion und des gewaltfreien Bürgerprotests kennenlernen.

Find information about John F. Kennedy, Martin Luther King and Rosa Parks on the Internet. Sketch the historical context (discrimination, Civil Rights Movement).

Lösungsvorschlag:

- **John F. Kennedy:** political and humanitarian commitment to the Civil Rights cause (together with his brother Robert Kennedy)
- **Martin Luther King:** non-violent campaign against discrimination against the Afro-Americans, dream of their equal rights (famous speech "I have a dream", 1963)
- **Rosa Parks:** famous bus ride to demonstrate equal rights by claiming a seat reserved for whites only on a bus

Im Anschluss an die Skizzierung des Zeithintergrunds lesen die Schüler und Schülerinnen den Text und charakterisieren dann die inhaltlichen Schwerpunkte des Romanauszugs: die Behandlung des Rassenkonflikts auf der elementaren Ebene des Vater-Tochter-Dialogs. Dazu bearbeiten sie in Partnerarbeit *Copy 9*.

Lösungsvorschlag zu *Copy 9*:

1. The whole scene is about how to defend what you hold dear: first, on a personal level, from a child's point of view defending the father, then, on a formal and public level: from a lawyer's point of view, defending a person in court. Scout learns that it is "common" to call negroes by the pejorative term "niggers" and that it is not only Atticus's duty as a lawyer to defend Tom Robinson, but above all a human obligation. Private and public morals are linked.

2. The choice of words in the dialogue and those used to describe the fatherly understanding show that the father treats his daughter as an equal in the conversation; he does not lecture her but tries to make her understand.

3. The story is told from the point of view of the now grown-up daughter-narrator, who shows that she got the message: you have to fight for something that is essential to you even if you can't be sure of winning. Through the use of dialogue, the narrator manages to contrast her own, still childish standpoint with the grown up and experienced one of her father: Scout asks a lof of why-questions (p. 48, ll. 31 – 32, p. 49, ll. 6 – 7, l. 15, l. 27), which her father patiently answers. He also corrects her language ("Don't say nigger, Scout. That's common.", p. 48, l. 15), and advises her how to act ("You just hold your head high and keep those fists down.", p. 49, ll. 21 – 22).

So vorbereitet, sollten sich im Kurs mehrere Gruppen bilden, die diesen Dialog zwischen Scout und Atticus einschließlich Erzähler und Jem einüben und dann in einem Vorsprech-Wettbewerb im Kurs vortragen. Je professioneller die Teilnehmer ihren Vortrag planen, desto sinnvoller ist die Einbeziehung etwa auch eines Kommentators und eines Mitglieds, das für die Dialogregie und die mögliche Ton- oder Videoaufzeichnung verantwortlich ist.

In a group, prepare a professional sounding play-reading of the text (grown up narrator Scout, Scout in dialogue, Atticus Finch, Jem).

In Anlehnung an die oben skizzierten Erwartungen ist dann folgende Hausaufgabe denkbar:

Briefly state which of the presentations you personally favour, and why.

Wenn man den gleichnamigen Film von Robert Mulligan (1962) mit Gregory Peck in der Hauptrolle im Unterricht einsetzen möchte, empfiehlt es sich, auf ein eng eingegrenztes *viewing log* zurückzugreifen. Dazu erhalten die Schülerinnen und Schüler ***Copy 10.*** Die Aufgabe eignet sich als arbeitsteilige Gruppenarbeit, d. h. die Schülerinnen und Schüler legen innerhalb ihrer Gruppe zu Beginn fest, wer beim Betrachten des Filmausschnitts auf welche Aspekte achtet, und ergänzen das *viewing log* anschließend gemeinsam. Die folgenden Kapitel der DVD sind dafür besonders geeignet:

Maycombe: Ch. 1
the image of the father: Ch. 6, 14, 15, 18, 21, 22, 30
the importance of Boo Radley: Ch. 8, 10, 36
the Ewells: Ch. 24, 25, 28
the court action: Ch. 7, 16, 20, 22, 26, 28, 29, 31

Standing up for one's beliefs: Analysis of an extract from *To Kill a Mockingbird*

Read the extract from *To Kill a Mockingbird*. Then analyse the text, taking into account the following aspects.

1. Outline the topics of the dialogue between father and daughter and characterize Atticus's attitude towards Scout.

2. Show how the use of language contributes to the total effect of the scene.

3. Analyse the point of view of the narrator and show how it helps to present different standpoints.

Lösungsvorschlag zu *Copy 10:*

the presentation of Maycombe (setting, atmosphere): a little, sleepy town in the South in the thirties; dusty, hot, with a generally poor population, a considerable negro population and a lot of social outsiders living in slums; divided on the race issue; where the Finchs stand out from the town's establishment

the Finch family (father Atticus, Scout, Jem, Calpurnia): after the early death of the mother, Atticus is the centre of family life; he is loved and respected by his children, a beacon of authority in the community, a friendly co-operative neighbour; Scout, the younger sister, is a good child, schoolgirl, and favourite playmate of her brother, but is always in trouble at school and with Calpurnia; the narrator of the story is looking back on her childhood and her family and the Boo Radley episode, the trial and the conflict with the Ewells; Jem, the older brother mourning the death of his mother, is already too old and too advanced to be taught and educated in the way in which Scout is; Calpurnia, the black cook who is a member of the family and a sort of substitute for the missing mother, is in charge of the house and forms Scout's education since by her very presence, she contradicts the common prejudices against the blacks

the image of the father as family man, lawyer, citizen: Atticus, member of an old established family of the deep South, is presented in three interrelated spheres: home and family, where he is the loving and strict father, the professional sphere, where he is the competent and well-accepted lawyer, who is also entrusted with taking on precarious cases, and the public sphere of the community, where he is the highly respected citizen with an unchallenged authority who can make a mob on the point of lynching Tom Robinson turn their backs and go home

the importance of Boo Radley and his haunted home: lonely Boo Radley, the personification of the unknown and terrifying to the children; outsider, too, in the world of the grown-ups; the man with a mysterious past, turns out to be the secret guardian angel of Scout, who is saved by him

the Ewells: the dregs of society; poor, uneducated and fanatic racists; their daughter Mayella (falsely) accuses Tom Robinson of having raped her; her accusation is torn to pieces by Atticus, which makes her father consider revenge on the hated enemy and his daughter

the court action (accusation, defendant, trial, defence, verdict): the scene in the courtroom is impressive with a superb counsel for the defence (Gregory Peck), who in his cross-examination basically proves the innocence of his defendant and thus makes the "guilty" verdict all the more incomprehensible; the reaction of the judge, the defendant, the different sections of the public (white and black, grown-ups and children) reflect their sympathy or their animosity and provide an unspoken comment on what they see and experience

To Kill a Mockingbird: Viewing-log

While watching the film, fill in the following grid.

the presentation of Maycombe (setting, atmosphere):
the Finch family (father Atticus, Scout, Jem, Calpurnia):
the image of the father as family man, lawyer, citizen:
the importance af Boo Radley and his haunted home:
the Ewells:
the court action (accusation, defendant, trial, defence, verdict):
the children's experience of the trial and the verdict:

the children's experience of the trial and the verdict: the verdict is incomprehensible above all to the children who, as they are told by their father, have to accept this as part of the imperfect world which they are growing up in; there is a parallel scene in which the children are exposed to the outbreak of violence that is controlled by their father, but who makes them leave because he feels he can't protect them

Als Hausaufgabe bewerten die Schülerinnen und Schüler den Film:

Explain your own personal response to the message and the making of the film.

Waring Cuney, *No Images* (1926)
Langston Hughes, *I, Too, Sing America* (1952)

2.9 The Afro-American contribution to the "varied carols" of the American nation

Die beiden Gedichte liegen Jahrzehnte auseinander und spiegeln nicht zuletzt die Entwicklung der *race relations* in den Vereinigten Staaten. Langston Hughes' Gedicht kann als Antwort auf Walt Whitmans Gedicht *I Hear America Singing* gesehen werden. Bei Whitman wird die Welt der Weißen, des vorindustriellen Amerika und des harmonischen Miteinanders der Berufe, Geschlechter und Generationen idealisierend beschworen; auffällig ist nur, dass in dieser Beschreibung kein Platz für die schwarzen Mitbürger mit ihren Konflikten und Problemen ist. Es ist also sinnvoll, dass sich die Schülerinnen und Schüler zunächst mit diesem Text aus dem 19. Jahrhundert beschäftigen. Dazu bearbeiten sie in Partnerarbeit *Copy 11*.

Lösungsvorschlag zu *Copy 11*:

1. mechanic, carpenter, mason, boatman, deckhand, shoemaker, hatter, woodcutter, ploughboy – mother, a young wife, a girl, the party of young fellows – men and women, boys and girls living and enjoying life → rural, pre-industrial harmonious society with no one, especially no other ethnic group or race to disturb "their melodious songs" (l. 15); an up-dated list would comprise representative jobs reflecting our technical, industrialised pluralistic world and include groups that mirror the ethnic mosaic, among others the Afro-Americans, the Latinos and the Asian Americans
2.
   - motif of singing, of carols and of melodious songs is employed to express a concept of state and society governed by harmony, beauty and fulfilment, a concept one also comes across in some of German romantic poetry
   - the most striking observation is what is *not* said and who is *not* referred to in the poem: discord and disharmony that have to be dealt with in a democratic state and society, and a group of citizens not yet recognized as such, working in jobs not mentioned in the poem but traditionally associated with "Black America"
   - in the context of music ("the varied carols I hear", l. 1) Black music is not mentioned, not even hinted at, which is all the more extraor-

Walt Whitman (1818–1892), *I Hear America Singing*

Langston Hughes's poem *I, Too, Sing America* can be seen as an answer to Walt Whitman's *I Hear America Singing.* Walt Whitman lived in the 19th century and is often referred to as "the most American of all American poets".

Read Walt Whitman's poem and answer the questions.

I hear America singing, the varied carols I hear,
Those of mechanics, each one singing his as it should be
    blithe and strong,
The carpenter singing his as he measures his plank or beam,
The mason singing his as he makes ready for work,
    or leaves off work,
The boatman singing what belongs to him in his boat,
    the deckhand singing on the steamboat deck,
The shoemaker singing as he sits on his bench,
    the hatter singing as he stands,
The woodcutter's song, the ploughboy's on his way
    in the morning, or at the noon intermission, or at sundown;
The delicious singing of the mother, or of the young wife
    at work, or of the girl sewing or washing,
Each singing what belongs to her, and to none else;
The day what belongs to the day – at night, the party of
    young fellows, robust, friendly,
Singing with open mouths their melodious songs.

From: Francis Hodgins, Kenneth Silverman (eds.): *Adventures in American Literature*, Heritage Edition, New York, Harcourt Brace Jovanovich Inc. 1980, p. 320

1. What list of professions and what group of people does the poet mention – and why? What would the list look like today?
2. The lyrical I "hear(s) America singing, the varied carols" (l. 1). Explain this image and what it evokes.
3. Can you imagine why an Afro-American writer like Langston Hughes might want to write an answer to Whitman's poem?

dinary since Black music is regarded as one of the greatest contributions of American music to the music of the world

3. the fact that Afro-Americans and their contribution to the "varied carols" of the American nation are not mentioned in the poem

Um ihre Antwort auf Frage 3 am Text zu überprüfen, lesen die Schülerinnen und Schüler nun in Abänderung der chronologischen Reihenfolge zunächst Langston Hughes' Gedicht. Im Unterrichtsgespräch beantworten sie folgende Frage:

What does the use of the comparative in "darker brother" (l. 2) imply?

Lösungsvorschlag:

- "brother" refers to the brotherhood of man, not only to the Afro-American brother
- the comparative underlines that we are all equal, the difference is a question of gradual difference, not one of quality

In Partnerarbeit beschäftigen sich die Schüler anschließend mit folgender Aufgabe:

What development does the poem describe? What does it signify?

Lösungsvorschlag:

- development described in the initial and the end line: from "sing America" (l. 1) to "am America" (l. 19); from carrying out an activity among others to being, to totally identifying
- inside this frame: development from today to tomorrow, from humiliating segregation to full integration (symbol of the community at the table)
- conclusion: they (the others, the whites) will see (objectivity) and respond emphatically (shame)

Die Entwicklung, die Hughes in seinem Gedicht beschreibt, kann in folgendem Tafelbild schematisch dargestellt werden:

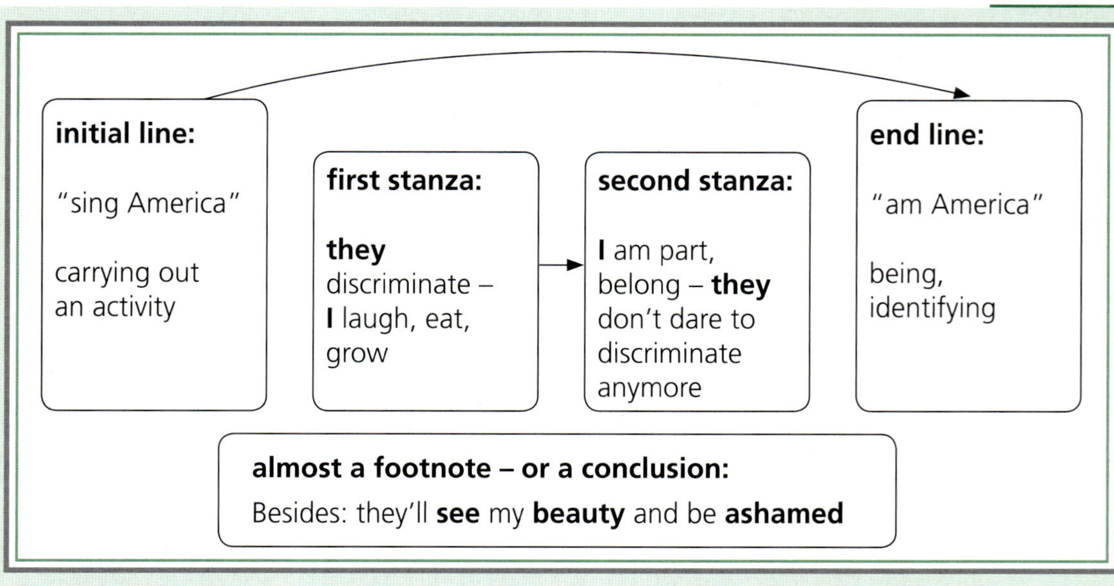

Abschließend schlagen die Schülerinnen und Schüler wieder den Bogen zu Whitmans Gedicht und beurteilen, inwieweit Hughes' Gedicht als Antwort auf *I Hear America Singing* verstanden werden kann:

State to what extent Langston Hughes's *I, Too, Sing America* can be regarded as an answer to Walt Whitman's *I Hear America Singing.*

Lösungsvorschlag:

- author claims that the African Americans are part of US American society, too
- it shows ignorance or impertinence not to include them, give them an equal place among all Americans

Nun lesen die Schülerinnen und Schüler Waring Cuneys Gedicht und bearbeiten in Einzelarbeit ***Copy 12***.

Lösungsvorschlag zu *Copy 12*:

1. Hughes: positive assertion that they have to recognize his or her beauty and feel ashamed; Cuney: *knowing/thinking* connected with negatives: "not know" (l. 1), "no glory" (l. 4)
2. in connection with "body", it probably refers to something like "glamour"; black beauty was simply not (yet) popular (rare exception: Josephine Baker)
3. **if** the woman could dance under palm trees and see her image in the river (i.e. in a natural surrounding), she **would know** her beauty; **but**: in her real life, she has streets and dish water instead of palm trees and rivers so she **does not know** her beauty
4. reflects the antithesis of an ideal vision of the Black woman's role in her original context/natural environment ("back to the roots") and a realistic assessment of her perception in society and at her work place

Abschließend bereiten die Schüler in Gruppen einen Vortrag der Gedichte von Waring Cuney und Langston Hughes vor:

In small groups, prepare the presentation of Langston Hughes's and Waring Cuney's poems as a poetic performance. Your recital might even be accompanied by selected music.

Als Hausaufgabe schreiben die Schülerinnen und Schüler einen vergleichenden Kommentar zu den beiden Gedichten.

Prepare a short statement on the two poems as illustrations of African American self-awareness.

Lösungsvorschlag:

- starting with the dates of publication (Cuney, 1926, Hughes 1952), observation of either female or male perspective and display of life in nature against an indoor world with fixed social roles

Is black beautiful? – Analysis of Waring Cuney's *No Images*

Read Waring Cuney's poem and answer the following questions:

1. As in the last part of Hughes's poem, Cuney introduces the notion of "beauty" (l. 2). Explain the difference.

2. What does the key word "glory" (l. 4) stand for?

3. Summarize the poet's argumentation.

4. How would you interpret Cuney's imagery?

- Cuney's kind of social romanticism versus Hughes's political and social awareness; the former appeals to emotions, the latter to the intellect and to a sense of moral justness

Kurt Vonnegut, Jr., *Adam* (1969)

2.10 From diaspora to diaspora: The Jewish Americans

Als Einstieg hören sich die Schülerinnen und Schüler den ersten Teil der Geschichte bis S. 54, Z. 33 an, der als Audio-Text auf CD vorliegt. Dabei füllen sie zunächst die erste Spalte der Tabelle von *Copy 13* aus.
Nach dem Zusammentragen der Ergebnisse im Plenum lesen die Schüler die Textstelle und interpretieren in Partnerarbeit die Funktion und Bedeutung der einzelnen Elemente (zweite Tabellenspalte).

Lösungsvorschlag zu *Copy 13*:

Title: Adam ➡ a story addressed to mankind; also evoking the beginning of life

Setting: Chicago ➡ the hub of America's industrialized world and expression of mass culture

Place of action: lying-in hospital ➡ materialization of the beginning of life

Time: night ➡ representing rest and calmness preceding the new day

Characters: Jewish-German-American couple and fellow-Americans ➡ personification of prototype of refugee trying to integrate without losing his identity in the new environment

Protagonist: Heinz ➡ as the prototype of the Jewish Immigrant (with a prominent past, now living in rather moderate circumstances)

Motifs:
- name-giving: Adam ➡ Hebrew for man/mankind; Knechtmann/Netman ➡ being suppressed and caught; Dr. Powers ➡ for professional competence, routine; Mr. Sousa vs. Heinz ➡ individual name-giving of no importance, names like a label vs. name-giving with symbolic function: memory, continuity, unity, identity
- memory of the Holocaust as the essence of Jewish identity ➡ opposition of long-lasting memory and the popular concept of the hectic American way of life (and what is commonly understood by it, e.g. prejudices against "the" Americans)
- (empty) booths ➡ as opposed to others, Heinz is cut off from real communication

Theme: birth of a child ➡ new beginning after terrible fate of persecution and near extinction

Die Interpretation der gesamten Erzählung wird sich in Ergänzung und Vertiefung von *Copy 13* auf die Struktur der *short story* konzentrieren und die Figurenkonstellation vor dem thematischen Hintergrund auslegen. Dazu erarbeiten die Schülerinnen und Schüler zunächst die Struktur der Geschichte:

Listening exercise: The first part of *Adam*

Listen to the first part of Kurt Vonnegut's short story and fill in the first column of the grid. Then try to interpret the meaning and function of these elements.

	General information	Interpretation
Title:		
Setting:		
Place of action:		
Time:		
Characters:		
Protagonist:		
Main motifs:		
What might be the theme of this short story?		

Divide the story into units and show how Heinz interacts with the world around him in each part.

Lösungsvorschlag:

1. Heinz in hospital, bar and station (p. 51, l. 1 to p. 56, l. 38): tries to connect with the people around him, but fails each time; thinks of his dead ancestors
2. Heinz back at home (p. 56, l. 39 to p. 57, l. 11): talks to himself, disappointed by the disinterest of the people he tried to talk to
3. Heinz in hospital (p. 57, ll. 12–39): talks with Avchen, the only person he is really able to communicate with

Im Unterrichtsgespräch wird anschließend die Figurenkonstellation der Erzählung mit dem zentralen Thema in Verbindung gebracht.

How does the constellation of characters reflect Heinz's isolated position between his past in Germany and his present life in America? How does this correspond to the central theme of the story?

Das Ergebnis des Gesprächs kann in folgendem Tafelbild festgehalten werden:

Germany:

people: his wife and "co-sufferer" and all the dead members of the family like Karl, Peter, Kroll, Friederich, Helga

relationships: family, feeling of belonging, pride (p. 52, l. 15 f.)

but: all this was destroyed by the Nazis, only he and Avchen survived

➡ **"old world" represents death and total destruction now**

America:

people: clinic personnel like doctor and nurses (professional attitude); fellow fathers (either jealous or occupied with themselves); co-drinkers (distracted, disinterested); co-worker (conventionally polite)

relationships: carelessness/coldness; anonymity ("There are too many of us, and we are all too far apart", p. 57, l. 6)

➡ **"new world" represents isolation and exclusion**

⇕ ⇕

The birth:

Heinz and Avchen share a common past; their unity and their awareness of the meaningfulness of their son's birth helps them to overcome the negative aspects of both worlds and bridge the gap between past and present

➡ possibility of a happy future

Anschließend bilden die Schüler Gruppen, um die Kurzgeschichte szenisch umzusetzen. Während ein Teil der Schüler die Dialoge, die sich leicht übernehmen lassen, einübt, übertragen die anderen in arbeitsteiliger Gruppenarbeit die narrativen und deskriptiven Passagen in szenische Bilder als Vorlagen für ein Bühnengeschehen bzw. ein Video-Filmskript. Bei einer Bühnenversion lassen sich Bühnenbilder mit minimalem Aufwand selbst im Klassen- oder Kursraum realisieren; im Fall eines Videofilms sind wenige Außenaufnahmen (Bahnhofsszene) notwendig. Die Überlegung zur Gestaltung von Heinz' Erfahrung und zur „Abbildung" seiner Innenwelt fordert einiges an Kreativität (von der bildlichen Umsetzung bis hin zu *voice over*).

Write a story-board or screen-play based on Kurt Vonnegut's short story. Form two teams: one for the dialogue, another one for the descriptive and narrative part.

Abschließend bearbeiten die Schülerinnen und Schüler folgende Hausaufgabe:

Give a characterization of Heinz Knechtmann.

Lösungsvorschlag:

- Heinz Knechtmann's name is frequently mispronounced ➡ this already hints at his displacement
- typical representative of the Jewish first-generation immigrants with little means but great aspirations and dreams often nourished by memories of a better past, here: the typical Jewish academics, professionals and artists of German descent
- his experience of the ignorance of the superficially good-natured Americans around him about what birth means to someone who has experienced persecution and death in Nazi Germany drives him almost crazy; he even goes as far as using his native German, a language he had sworn never to use again (cf. also his insistence on the proper German pronunciation of his name)
- has scarcely adapted to life in modern America; he still seems to live in his native Germany or Europe with its (idealized) old-world catalogue of values (life and learning, the arts in contrast to baseball)
- only one person to understand him and share his life: his wife Avchen
- from the point of view of intercultural studies: the two are almost like an island in an ocean of strangers ("wry sense of anonymity", p. 57, l. 13).

Lan Cao, *Monkey Bridge* (1997)

2.11 The Vietnamese version of the American Dream

Als Einstieg in Lan Caos Text informieren sich die Schülerinnen und Schüler im Internet über den Vietnamkrieg und seine Folgen. In arbeitsteiliger Gruppenarbeit bereiten sie folgende Themen vor und stellen ihre Rechercheergebnisse anschließend in selbst gewählter Form dem gesamten Kurs vor:

In groups, find information about one of the following topics on the Internet. Then think of a suitable way of presenting your findings to the class.

- the US involvement in Vietnam
- the Vietnam Monument in Washington
- examples of protest songs
- Oliver Stone's film *Platoon*
- the history of the Boat People

Der Auszug aus *Monkey Bridge* liegt als Audio-Text auf CD vor. Die Schülerinnen und Schüler hören sich den Text an und machen sich dabei Notizen zu folgenden inhaltlichen Aspekten:

Sketch what the reader gets to know about the narrator and her life within the Vietnamese community of Little Saigon.

Lösungsvorschlag:

- daughter and mother, both Vietnamese refugees, living together
- daughter translates every kind of American experience for her mother (e. g. the world of TV, ambiguities of gestures and language)
- she also learns from the old generation: sustaining a new identity, compulsion to deceive, production of new identities – the Vietnamese version of the American Dream: "rebirthing the past" (p. 60, l. 43 f.)

Anschließend hören sich die Schüler den Text ein zweites Mal an und konzentrieren sich dabei auf folgende Frage:

How does the narrator describe and explain her specific work with Vietnamese refugees living in the US?

Lösungsvorschlag:

- narrator emphasizes the two fundamentally different worlds that need translating and transforming
- differences and difficulties become apparent in the following fields: history (Vietnam War), everyday life (watching TV and shopping), the process of communication (through language and signs), the necessity of a new identity since they are not going back, the "production" (p. 60, l. 15) of new identities and "rebirthing the past" (p. 60, l. 43 f.) as the Vietnamese version of the American Dream
- since she can "decipher the nuances of American life" (p. 58, l. 18), she is the ideal teacher and mediator who, on the other hand, seems to learn from her older compatriots
- while her mediation and translation are vital to bring about the necessary transformation, her compatriots' creativity as to how to deal with the problem of identity demonstrates how old patterns survive and are adapted

Als Hausaufgabe beschäftigen sich die Schülerinnen und Schüler mit der im Text erläuterten vietnamesischen Version des *American Dream:*

Try to explain why the narrator characterises the Vietnamese production of identity as the "Vietnamese version of the American Dream" (p. 60, l. 39 f.). Why do you think, it is something necessary for the Vietnamese immigrants?

Lösungsvorschlag:

- passage throws light on the process of adapting to the new environment by creating one's new identity
- but: as the example shows, you cannot do entirely without your previous formation, which makes you take over old patterns (Year of the Cat, the Rat, the Tiger) and apply them to your own benefit
- American Dream of self-fulfilment and success is filled with elements of the two worlds, a "mosaic", contrary to the "melting pot" idea (p. 58, l. 6) of blending into a new identity and leaving your old one behind
- preserving aspects of your old identity is something essential especially for the old generation which finds it hard to fully adapt to the new and consequently tries to find some sort of compromise
- Vietnamese immigrants might take the absence of documentation as a welcome pretext to a new beginning without identity or history

Amy Tan, *Harold and I* (1989)

2.12 Chinese-American business – different points of view

Als *pre-reading activity* tragen die Schülerinnen und Schüler ihr Wissen und ihre Vorstellungen über die Stellung von Frauen im amerikanischen Geschäftsleben zusammen. Dazu bearbeiten sie in Partnerarbeit *Copy 14.*

Lösungsvorschlag zu Copy 14:

politeness, competence and good humour even in critical moments; concentration on the job requirements, not your person; knowledge of the culture of the target country and conversational skills are essential; treat business partners as interesting people whom you particularly appreciate; treat them positively and they will react positively

Nun lesen die Schülerinnen und Schüler den Auszug aus Amy Tans Roman und machen sich lektürebegleitend Notizen zur Entwicklung der geschäftlichen und persönlichen Beziehung zwischen Lena und Harold:

Show the stages of this business and love relationship.

Lösungsvorschlag:

Business relation soon becomes a private relation of common dinners, lovemaking and love confessions (p. 61, l. 16 ff.). Lena encourages Harold to start his own business designing restaurants and helps finance the joint venture. Harold makes her a project coordinator. Lena supplies business ideas and gives pep talks to her husband. The idea of the thematic restaurants proves to be the success of this business concept and explains the rapid growth of the firm. Nevertheless, the success of their love relationship runs contrary to their flourishing business.

In Partnerarbeit analysieren die Schülerinnen und Schüler nun die Erzählperspektive.

Analyse the narrative point of view and show what it contributes to a deeper understanding of this relationship.

The role of women in the American business world

State what you know or suppose about American women in business. Then read the following statement by an American business woman from the book *Do's and Taboos Around the World for Women in Business* (1997). What code of behaviour can you derive from it?

My basic strategy for doing business consists of being polite, competent and in unfailing good humor. I never take umbrage, even when I am confused with being my husband's mistress ... as happened in Mexico (why else would he bring me, for goodness' sake!) or when I am completely ignored, as happened during a meeting in Japan. Again, the emphasis is on business, not the ego. I do, however, recommend learning a great deal about the culture of the country and polishing up on the art of conversation. Think of your business counterparts as interesting people instead of just as "hot leads" (or hot blooded) and develop the knack of treating every person as if he or she is the most important person you are meeting that day. People invariably react positively when you treat them in a positive manner. That has worked well for me in the United States and in every country I have visited on business.

From: Roger E. Axtell et al.: *Do's and Taboos Around the World for Women in Business,* New York: John Wiley & Sons, 1997, p. 11

Die Arbeitsergebnisse werden anschließend im Plenum besprochen. Im Anschluss daran kann *Copy 15* verteilt werden. Diese Musterlösung zeigt exemplarisch, wie eine ausformulierte Antwort auf die zuvor bearbeitete Frage zur Erzählperspektive aussehen könnte.

Anschließend versuchen die Schülerinnen und Schüler, die Situation aus Harolds Perspektive zu sehen. Dies geschieht in Form eines Rollenspiels, das in Partnerarbeit vorbereitet wird.

How would Harold explain their situation and his (male) standpoint? Imagine that Harold has become aware of the problem and is now talking to his best friend about it. Prepare a dialogue.

Lösungsvorschlag:

Folgende Aspekte könnten im Dialog zur Sprache kommen:

- Lena's arguments are, all in all, too emotional; everything went as planned and mutually agreed on, e.g. the splitting of bills, the arrangement of sharing the rent, her consent to working as an associate, etc.
- Lena never openly questioned or criticized the division of work and responsibility and seemed to be quite happy. Wasn't the plan of starting on his own really her idea?
- Probably she has overestimated her own contribution to the success of the firm; above all, he was the one who carried all the responsibility!
- She was probably a little overworked and was tending to see problems where there were none. After all, hadn't he told her just that morning that he loved her ...

Als sich unmittelbar daran anschließende Hausaufgabe erhalten die Schülerinnen und Schüler den folgenden kreativen Schreibauftrag:

Harold is writing in his diary. Try to rewrite the passage from p. 62, l. 27 to p. 63, l. 4 from his point of view, paying attention, above all, to Lena's fear.

Lösungsvorschlag:

I don't know what has come over Lena lately. She seems to be unhappy, discontent, even afraid of something. Could it be because of Rose, that friend of hers who is in therapy and who might have given her funny ideas about Chinese humility and accepting everything. Why can't she simply accept that everyday life wears you down? And that we are together practically 24 hours a day, that none of us is really free? And all that talk about being equals! Has she become a feminist now? And what's the use of comparing my appearance to hers? It's brains that matter. Let the women worry about their glamour ...

Model analysis: The point of view of *Harold and I*

Analyse the narrative point of view and show what it contributes to a deeper understanding of this relationship.

The love affair and the business partnership are told from Lena's point of view. Lena is a young woman of Chinese-American origin, which accounts for the clearly female perspective and the intercultural flavour. Lena is looking back on eight years of her dual work and love relationship with Harold and reflecting on the gradual change from passionate love and mutual inspiration in their work to an arrangement, both at work and at home, where the woman is unfairly treated – and has begun to feel it and think more deeply about it.

When Lena, in looking back, speaks about her love and her work, one can detect signs of her disillusionment: What was accepted without question in the beginning, is being doubted more and more and even criticized in the course of the years. The excerpt starts with the matter-of-fact observation of the arrangement in their firm: Harold is the partner, Lena the associate. What seems to be a neutral remark, turns out to be a subtle form of criticism, especially in the light of later developments.

The description of their love contains the conventional elements of sobering reality and the woman's growing sense of frustration. The presentation of their business arrangement, however, shows the full impact of Lena's awareness of her own inferior role.

It all starts with their practice of splitting the tab right in half (p. 61, l. 8f.), dividing the bill (p. 61, l. 11) or her paying the full amount. "And it didn't really bother me." (p. 61, l. 14f.) "Now that I'm angry at Harold," (p. 62, l. 14) Lena takes stock and tries to do justice to herself as well: "We're equals" (p. 63, l. 6), summing up the physical attractiveness and the intellectual abilities of them both. The following episode of their starting their own firm together shows how Lena unconditionally surrenders (cf. p. 65, l. 31f.) to Harold and accepts a far inferior position. The same applies at home, where her love is not returned.

In her retrospective, Lena reveals the problems of this love and partnership, weighs up to what extent they may be attributed to her ethnic background or the mentality of her people (p. 62, l. 27ff.) and the way she is perceived and treated by her husband. The way in which he treats her more as an associate rather than according to her financial input and her creative work demands an explanation: She is being exploited. This is what Lena obviously thinks, as can be gathered from the ironical overtone of some her remarks (cf. p. 61, l. 2f.; l. 8ff.; p. 62, l. 14ff.; l. 41ff.; p. 63, l. 44ff.; p. 64, l. 34 ff.; l. 41ff.; p. 65, l. 14; l. 17f.). It is the mingling of the many facets and perspectives (then – now, Chinese-American – white American, female – male, private – business, romantic partner – business partner) which makes this a very interesting intercultural character study – a plea for ethnic and gender awareness.

David Guterson, *Snow Falling on Cedars* (1995)

2.13 A generation gap? – Different attitudes towards life in the United States

Als *pre-reading activity* sammeln die Schülerinnen und Schüler Zeitungsausschnitte zum Thema Krieg. Die Auswertung der Ausschnitte und die Vorbereitung der Präsentation kann in Gruppenarbeit geschehen.

Collect paper clippings, especially from *TIME* and *Newsweek,* to document war and the clash of cultures and report on your findings in class.

Bei der Analyse des Romanauszugs sollen die unterschiedlichen Einstellungen von Mutter und Tochter, der alten und der jungen Generation zur amerikanischen Umgebung im Mittelpunkt stehen. In Partnerarbeit beantworten die Schülerinnen und Schüler dazu folgende Fragen:

What different attitudes towards life in the United States do Fujiko and her daughter Hatsue represent?

Die Ergebnisse können etwa in folgendem Tafelanschrieb zusammengefasst werden:

mother	daughter
animosity and prejudice because of her humiliating experiences as an immigrant and as a victim of American protection against possible Japanese underground activities in times of war	loyalty to her new and to her native country with which she identifies, close emotional attachment

➡ Mother Fujiko and daughter Hatsue personify two totally different attitudes towards life in the United States.

In einem Unterrichtsgespräch wird anschließend folgende Frage beantwortet:

How would you characterize the more general concept that lies behind these two attitudes towards America?

Die Ergebnisse des Unterrichtsgesprächs können in folgendem Tafelbild oder auf Overheadfolie festgehalten werden:

mother = old generation	daughter = new generation
• belongs to the so-called first generation, which grew up in the homeland and later in life decided or was forced to emigrate • is able to rationalize beyond her personal experience and sees two fundamentally different ideologies and value systems at work ➡ older generation wants to teach and pass on its accumulated knowledge of the world	• was born in the new home country • does not generalize as her mother does, tries to do justice to her fellow Americans and differentiates between a more general public climate and individual attitudes ("they don't all hate us", p. 67, l. 20) ➡ younger generation wants to experience life for itself
mother = Japanese identity	**daughter = American identity**
• represents the Japanese belief that the ego is nothing	• represents the American belief that "aloneness is everything, his separateness is the foundation of his existence" (p. 67, l. 35 f.)

Ergänzend zur Textanalyse kann man Scott Hicks' Film *Snow Falling on Cedars* und hier speziell die Kapitel 8, 10, 12 heranziehen. Die DVD ist in englischer und deutscher Sprache z. B. bei Amazon erhältlich. Eine lohnende Fragestellung bei der Filmbetrachtung ist:

How are the different ethnic groups portrayed in images or in words? Collect examples to support your observations.

Lösungsvorschlag:

Chapter 8 (Honourable Acts): news of the war, anti-Japanese climate ("the Japs") and the discriminating measures against the Americans of Japanese descent (searching homes, imprisonment, deportation); American authorities insensitive to Japanese religion, culture, way of life – the Japanese citizens are deprived of their fundamental human and civil rights; hardly any protest, only from Ishmael's father in his comments that the Japanese are Americans just as the Germans are and in his article "Let us act in a way" which leads to the cancellation of subscriptions

Chapter 10 (The Camps): Japanese men are shown in huge barracks while their families are being deported: older men, women and children with a few belongings on trucks with the white population gazing on; mute sequences showing the injustice and inhumanity of the action which leaves little room for consolation (again Ishmael's father, while Ishmael remains passive, unable to protest) – and it all happens under the banner of the Stars and Stripes

Chapter 12 (All the Unfair Things): while the two preceding chapters form part of the flashback, this scene is part of the trial in which Hatsue's husband is (falsely) accused of murder; Ishmael, who gives Hatsue and her father a lift after their car has broken down in the snow storm, is asked to write against the lack of fairness and injustice inflicted on her husband; here the father (who once was humiliated and deported) shows himself to be a very decent and grateful person and does not join in Hatsue's complaints

Sandra Cisneros, *No Speak English* (1984)

2.14 Where is home? – Immigrants and the will to integrate

Die Einwanderungswelle der *Latinos* oder *Chicanos* in den Südwesten der USA ist zu einem ernsten Problem geworden, so sehr die amerikanische Wirtschaft auch auf diese Arbeitskräfte angewiesen ist. Der ständige Zustrom von vornehmlich illegalen Immigranten hat den Anteil der *Hispanics* anschwellen lassen und beeinflusst das Leben im Südwesten, vom spanischsprachigen Fernseh- und Radioprogramm bis hin zur amtlichen Zweisprachigkeit und natürlich zur Veränderung der Bevölkerungsstruktur mit ihren Auswirkungen auf Bildungs- und Gesundheitswesen.

Bevor sich die Schülerinnen und Schüler *No Speak English* auf CD anhören, informieren sie sich als Hausaufgabe oder in Gruppenarbeit während des Unterrichts im Internet über die aktuelle Sprachenpolitik in den USA.

Find out about the US government policy with regard to the „U.S. national language". Present your findings to the class.

Ergänzende Informationen bietet auch ein Zeitungsartikel von Carl Hulse *(Copy 16)*, der den Schülern zur Verfügung gestellt werden kann.

Lösungsvorschlag zu *Copy 16:*

- English declared the "common and unifying" language of the country (l. 5), but not the country's "official language" (l. 25)
- not all government publications have to be in English, but no one has the right to force the American government to provide materials in any other language
- English is the pre-eminent language, but laws on bilingualism aren't affected by this decision (l. 12f.)
- points of criticism: multilingual government programs might be reduced (l. 32f.), possible discrimination against people who don't speak English

Carl Hulse: Senate supports English as U.S. national language

What does this article reveal about the present status of the English language in the USA?

Washington After a charged debate, the Senate has approved a Republican proposal to designate English as the national language of the United States.

It was not clear, though, whether the designation would be included in any immigration law ultimately enacted, because the Senate also approved a Democratic amendment declaring English the "common and unifying" language of the country.

The House of Representatives did not include a similar provision on English in the bill it passed in December. Which description is included in the final legislation sent to the president for his consideration would have to be negotiated between the House and the Senate.

Backers of the Senate Republican proposal, approved Thursday, 63 to 34, said that it was equivalent to establishing an official national anthem or motto and that it would simply affirm the pre-eminence of English without overturning laws or rules on bilingualism.

"We're free to say what we want, speak what we want, but it is our national language," said Senator Lamar Alexander, a Tennessee Republican.

The Democratic proposal, approved later, 58 to 39, was made by Senator Ken Salazar of Colorado, one of several members of his party who said the Republican measure was needlessly divisive and would reduce multilingual government programs. "We are taking a step backward from the progress America has made," Salazar said.

Harry Reid of Nevada, the Senate Democratic leader, said the Republican amendment was racist. "Everybody who speaks with an accent knows that they need to learn English just as fast as they can," he said.

Under the Republican proposal, the federal government is directed to "preserve and enhance the role of English as the national language of the United States of America." It does not go as far as proposals to designate English the country's official language, which would require all government publications and business to be in English.

Instead, it says government services and publications now offered in other languages would be unaffected. But the proposal declares that no one has "a right, entitlement, or claim to have the government of the United States or any of its officials or representatives act, communicate, perform or provide services or provide materials in any language other than English."

Critics said they feared the directive could lead government agencies to scale back their bilingual efforts, cause discrimination against people who do not speak English, disrupt emergency operations in communities with populations of immigrants and have other unintended consequences.

The Republican proposal was made by Senator James Inhofe of Oklahoma, who is proficient in Spanish from his days as a pilot in Mexico. He said critics were exaggerating the potential effect of his plan.

Carl Hulse: "Senate supports English as U.S. national language", in: *International Herald Tribune,* 19 May 2006, www.iht.com/articles/2006/05/19/news/english.php

Nun hören sich die Schüler den Audio-Text an und bearbeiten folgende Aufgabe:

Compare the different attitudes of Mamacita and her husband. What aspect of immigration is illustrated in Cisneros's story?

Lösungsvorschlag:

Mamacita's attitude	her husband's attitude
• lives a secluded life • the little (incorrect) English she speaks is only used to keep callers at a distance, to prevent any communication • she probably only came to please her husband, would like to return to her pink house in Mexico, feels homesick • she does not really want to be in the States and refuses to learn English	• contrary to his wife, the man has fulfilled his American Dream of settling down, getting a job and a home for his family • his life is an example for most of the immigrants who come to the States to find work and to live a decent life • as he knows how important a good command of English is for participating in the everyday life of the country, he desperately encourages his wife to learn and speak the language – but with no success
➡ example of forced immigration against the immigrant's will, unwilling to be integrated	➡ typical example of an immigrant hoping for a better future and willing to integrate

Anschließend lesen die Schülerinnen und Schüler den Text und bearbeiten in Partnerarbeit *Copy 17.*

Lösungsvorschlag zu *Copy 17:*

1. The exceptionally big mama can hardly move and thus does not like to climb the stairs. Her physical immobility mirrors her lack of mental flexibility, which even the children in the neighbourhood make fun of. Her baby child is the centre of her secluded life. Thus, when the infant starts repeating what it hears on the radio or on TV, the mother feels her very existence challenged for lack of a companion. In a sense, she lives in a situation of tragic-comic self-imposed isolation. Her baby's reaction to the songs on the radio is almost like nature's protest against something unnatural. Part of the humour relies on the incorrect or incomplete English spoken by the characters and on the inclusion of a few terms in Spanish, not to show the couple's bilingualism, but to stress that the husband can only reach his wife in their common native language.

2.

Mamacita's definition of "home"	her husband's definition of "home"
• to her, home is where she belongs, i.e. some pink house across the border, in Mexico • her husband's efforts to paint the apartment pink do not help; she still does not feel at home • feels emotionally and nostalgically attached to the place she came from	• to him, home is where he has work and where he has his family • purely rational and pragmatic attitude

Refusing to integrate: Analysis of *No Speak English*

Read Sandra Cisneros's short story and answer the following questions.

1. How is Mamacita described in the story? How is humour used in this description and which purpose does it serve?

____

____

____

____

____

____

2. Explain the importance of home and its ambiguity in the story.

Mamacita's definition of "home"	her husband's definition of "home"

3. As regards the narrative point of view, why did Sandra Cisneros choose a child to narrate the story?

____

____

____

____

____

____

3. The child is open to all sorts of impressions and feels no restraints in commenting on what is happening. It is perhaps this unspoilt view of the child that the author wanted the narrator to start from. In a question so controversial and with so many political, social, cultural and religious implications, it is an ideal solution to have a child narrator to reveal the basic essence of the problem: that of a mother who has left and lost her home and now feels she is about to lose her child (and her husband).

Als Hausaufgabe lesen die Schülerinnen und Schüler einen Auszug aus *I See You Never* von Ray Bradbury und vergleichen diese Geschichte mit *No Speak English.* Dazu erhalten sie *Copy 18.*

Lösungsvorschlag zu *Copy 18:*

awareness of sense of loss – unwillingness to return to his native Mexico – reasons why he likes it here strongly supported by the overall negative description of Mexico from Mrs. O'Brian's (tourist) view – incorrect form used to say he won't come back stresses his helplessness even more – the historical background: migrant workers were needed during the war to replace the workers serving in the army – after the war, when they weren't needed any longer, they were sent back

T. Coraghessan Boyle, *The Tortilla Curtain* (1996)

2.15 Incompatible worlds

Als Einstieg in den Text von T. Coraghessan Boyle machen sich die Schülerinnen und Schüler Gedanken zum Titel des Romans *The Tortilla Curtain.* Welche Erwartungen weckt dieser Titel?

Speculate on the content and the message of the title *The Tortilla Curtain.*

Lösungsvorschlag:

- image of the *curtain* (cf. Iron Curtain) in relation to the image of the wall or the fence: separation, insurmountable obstacle, dividing-line
- *tortilla* as popular and traditional Mexican food, particularly popular in border region (Tex-Mex food)

➡ the unusual combination of the two metaphors underlines the incongruity of two incompatible worlds (cf. also German satirical use of "Weißwurst-Äquator")

Die Unvereinbarkeit der beiden Welten tritt auch in dem Romanauszug deutlich zutage. Um dies herauszuarbeiten, lesen die Schülerinnen und Schüler den Text and lösen in Partnerarbeit folgende Aufgabe:

The passage is dialectically structured. It shows a world as it might be opposed to one that is. In addition, it contrasts the world of the *norteamericanos* against Cándido's and América's experience of the rich neighbour's world. Collect textual evidence in two columns. Can you detect any underlying patterns?

Ray Bradbury: *I See You Never*

Read the following excerpt from Ray Bradbury's story *I See You Never.*
This little post-war episode focuses on the thoughts and feelings of both characters, Mrs. O'Brian and Mr. Ramirez. State these in your own words and compare them to the kind of realization at the end of Cisneros's story. Explain the function the description of Mexico serves in contrast to that in Cisneros's story.

Mrs. O'Brian stood holding the door half open. One of her sons, behind her, said that her dinner was getting cold, but she shook her head at him and turned back to Mr. Ramirez. She remembered a visit she had once made to some Mexican border towns – the hot days, the endless crickets leaping and falling or lying dead and brittle like the small cigars in the shopwindows, and the canals taking river water out to the farms, the dirt roads, the scorched landscape. She remembered the silent towns, the warm beer, the hot, thick foods each day. She remembered the slow, dragging horses and the parched jack rabbits on the road. She remembered the iron mountains and the dusty valleys and the ocean beaches that spread hundreds of miles with no sound but the waves – no cars, no buildings, nothing.

"I'm sure sorry, Mr. Ramirez," she said.

"I don't want to go back, Mrs. O'Brian," he said weakly. "I like it here, I want to stay here. I've worked, I've got money. I look all right, don't I? And I don't want to go back!"

"I'm sorry, Mr. Ramirez," she said. "I wish there was something I could do."

"Mrs. O'Brian!" he cried suddenly, tears rolling out from under his eyelids. He reached out his hands and took her hand fervently, shaking it, wringing it, holding to it. "Mrs. O'Brian, I see you never, I see you never!"

The policemen smiled at this, but Mr. Ramirez did not notice it, and they stopped smiling very soon.

"Good-bye, Mrs. O'Brian. You have been good to me. Oh, good-bye, Mrs. O'Brian. I see you never."

From: Ray Bradbury: "I See You Never", in: Cleanth Brooks and Robert Penn Warren (eds.): *Understanding Fiction,* New York, Appleton-Century-Crofts 1959, pp. 133–136

Die Arbeitsergebnisse können anschließend mithilfe zweier Tafelbilder festgehalten werden:

Negative experience	Positive outlook
• no work (p. 70, l. 2) • la Migra (p. 70, l. 2) • starvation, death (p. 70, l. 4) • living on the streets (p. 70, l. 6) • obscenity, filth (p. 70, l. 7) • back of the supermarkets (p. 70, l. 8)	• steady work (p. 70, l. 9) • their apartment (p. 71, l. 1) • could establish themselves (p. 71, l. 1) • work like human beings (p. 71, l. 2) • ride the bus in freshly laundered clothes (p. 71, l. 3) • nobody cares if you have documents, prospect of green card, another amnesty (p. 71, ll. 4 ff.)
➡ **reality**	➡ **vision**

Life back in Mexico	Life in the US – *norteamericanos*
• can't go back (p. 71, l. 13) • forty percent unemployment (p. 71, l. 13 f.) • a million people entering the labor force (p. 71, l. 14 f.) • corrupt and bankrupt (p. 71, l. 15) • pinched by inflation (p. 71, l. 15 f.) • farmers burning their crops (p. 71, l. 16) • only the rich had enough to eat (p. 71, l. 17)	• all the riches of the world (p. 71, l. 35 f.) • white faces, high heels, business suits (p. 71, l. 37 f.) • greedy eyes, ravenous mouths (p. 71, l. 38) • live in glass palaces, with their gates and fences and security systems (p. 71, l. 38 ff.) • leave half-eaten lobsters and beefsteaks (p. 71, l. 40) • spend enough to feed and clothe a whole country on their exercise equipment, etc. (p. 71, l. 41 ff.) • all of them, even the poorest, have two cars (p. 71, l. 44)

Als Hausaufgabe beantworten die Schülerinnen und Schüler folgende Frage:

The contrast of the two worlds culminates in questions which go far beyond the concrete situation described in the excerpt. Try to answer these questions on the basis of the information supplied in the text.

Lösungsvorschlag:

Grotesque discrepancy between the haves and have-nots: poverty and abundance, exploitation and waste, deprivation and privilege, etc.; this leads to criticism of the injustice behind this division of the (American) world and a policy of deterrence which makes the illegal immigrants victims of capitalism and globalisation; no simple answer to the problem; call for more fairness, more humanitarian commitment, less claiming of one's unequally divided wealth, more social justice and even more empathy with the underprivileged class, etc.

Abelardo Delgado, *stupid america* (1969)

2.16 Images of America

Als *pre-reading activity* werden die ersten Reaktionen der Schülerinnen und Schüler auf den Titel *stupid america* gesammelt. Der Titel ist provokativ und löst spontane Zustimmung oder Ablehnung aus, die es zu hinterfragen gilt. Die Reaktionen der Schüler können zunächst in Gruppen geäußert und dann in einem Unterrichtsgespräch zusammengetragen werden.

Which image of the USA does the title of the poem convey?

Lösungsvorschlag:

- generalization, prejudices as a reaction to the power and economic and military "imperialism" of "stupid America", i.e. the United States' supposed ignorance of and indifference to the problems and the needs of the "other" nations, e.g. ethnicities, cultures and underprivileged groups such as the (illegal) immigrants
- different context: criticism from within and without, the outlook of fellow Americans compared to Europeans
- the question of equality and acceptance as citizens and the mutual respect owed to other Western nations (with the same democratic, historical, cultural and religious heritage)
- the conventional concept or image of the "ugly American"
- the underlying pattern of David fighting Goliath

Anschließend bereiten die Gruppen einen gestalteten Vortrag des Gedichts vor. Dabei können sie mit dem Text experimentieren, indem sie beispielsweise verschiedene Sprecherrollen vergeben.

Prepare an original and revealing recital of the poem.

Beim Vergleich der Darbietungen beurteilen die Schülerinnen und Schüler, welche Vorträge dem Inhalt des Gedichts am besten gerecht werden und warum. Dazu werden zunächst folgende Fragen beantwortet:

Why is America called stupid?

Lösungsvorschlag:

accusation of insensitivity, prejudice and of not letting them be themselves; misunderstanding the real potential of the Chicanos

What is America told to do – and why?

Lösungsvorschlag:

see, hear and remember as key-words: **see** the works of art, the Christ figures; **hear** the poet's voice; **remember** the failure at school of the boy who is going to be the Western Picasso – awareness of that failure will hopefully lead to a more balanced and tolerant attitude and perhaps even to political and social reforms

Comment on the use of formal devices and the overall intention of the poem.

Lösungsvorschlag:

denunciation of the stupid Americans vs. idealization of the sensitive, poetic and artistic Chicanos who are denied a chance to realize their full potential; generalization, exaggeration, black and white, repetition, plain images with emotional power; (artistic) simplicity in arrangement, choice of words and spelling ➡ characteristics of popular protest

Abschließend beurteilt jede Gruppe, welche Darbietung diese Aspekte am besten vermitteln konnte.

Which of your presentations came closest to the content and the poetic message of the poem?

Lösungsvorschlag:

re-evaluation of the different presentations against the background of the interpretation: the character of the poem as a form of popular protest criticizing on the one hand and idealizing on the other – in the oral version, almost like a rap song

Als Hausaufgabe schreiben die Schülerinnen und Schüler einen Kommentar zu folgender Frage:

Try to explain the common sentiment underlying the poem.

Lösungsvorschlag:

- common feeling of nations that feel ignored or abused by the Western superpower
- animosity and suspicion on the part of the neighbouring nations, feeling of "us" vs. "them"
- lack of sensitivity of the dominant powers vs. over-sensitivity of the less powerful allies
- lack of political, economic and cultural balance, in particular, the military commitment of the US in the world (cf. Afghanistan, Iraq)
- sometimes anti-American sentiment prevailing in Europe, combined with anti-capitalist attitudes
- psychologically speaking: often the fear of the weak distrusting the strong
- but still: the fascination of America, the New World, the American way of life, American lifestyle

Gloria Anzaldúa, *To live in the Borderlands means you* (1999)

2.17 Overcoming borders and differences

Als Vorbereitung auf die Analyse des Gedichts von Gloria Anzaldúa sammeln die Schülerinnen und Schüler Bilder, die Grenzen – zwischen Ländern, Stadtteilen, Völkern, Geschlechtern, Kulturen usw. – darstellen. In Gruppen erstellen sie aus diesen Bildern eine Collage und denken sich zu jeder Illustration eine passende Bildunterschrift aus.

Collect images showing a border. Make a collage und find suitable captions to sum up the message of the illustrations.

Anschließend beschäftigen sich die Schüler mit Gloria Anzaldúas biografischem Hintergrund, der reflektiert, dass sich die Autorin nicht nur mit geografischen Grenzen beschäftigt hat.

Read Gloria Anzaldúa's biography on page 132. What different sorts of borders was she concerned with?

Lösungsvorschlag:

Gloria Anzaldúa's biography and the poem: the experience of the borderland and the poet as a mediator (see also work-titles using the image of the bridge) between Anglo and Chicano culture, between male-dominated and feminist culture, between an adult society and the world of children

Nun lesen die Schülerinnen und Schüler in Stillarbeit das Gedicht und unterstreichen dabei alle Textstellen, die beschreiben, was das Leben im Grenzgebiet bedeutet.

Closely read the text and underline all the expressions which describe and define what "to live in the borderlands means".

Lösungsvorschlag:

You are neither ... (mixture, hybrid, half-breed, caught in the middle and unaware of your identity) – *knowing* ... (of your betrayal of either the Indian, Mexican, Anglo or Black side in you) – *people walk through* ... (a person ignored, without a voice, scapegoat, a bit of everything, a new unidentifiable gender) – *put chile* ... (without any typical national dish, clearly identifiable language or accent, chased by the authorities) – *fight hard* ... (against alcoholism, prone to committing suicide) – *the battleground* ... (victim of the violent disputes and fights over the border) – *the mill wants to shred off* ... (take away the physical features that are your mark of identity) – *survival* ... (lies in the absence of borders and a "crossroads" mentality)

Anschließend bearbeiten die Schüler in Partnerarbeit *Copy 19*.

Lösungsvorschlag zu *Copy 19:*

1. 1) representative of many nations and races without truly belonging to any one, 2) awareness of your betrayal of your true nature, 3) leading an existence that does not count and need not be paid attention to, 4) someone without an authentic identity, 5) a lost person in danger of giving up, 6) personification of the debates, quarrels and fights over the border, 7) taking your very existence and identity from you, 8) survival lies in the paradoxical approach of ignoring *fronteras* and linking opposites

2. they express the highly problematic and complicated existence of someone who constantly lives "in-between", and who is thus never fully integrated and never really belongs anywhere

3. repetition with slight variations *(To live ..., Cuando ..., Living ..., In the Borderlands ..., To survive ...)* stressing the highly restricted freedom in leading one's life and culminating in the climax: life as a fight for survival

4. first and last stanzas are not to be exchanged (introduction to the topic, conclusion); as far as the order of the other stanzas goes, there is a development from the description of the person's self-definition and the definition imposed by the environment to the violent treatment which ends in self-denial

5. from the text: "at home, a stranger" (l. 31); "crossroads" (l. 43), or: "In No-man's land", etc.

Als Hausaufgabe bearbeiten die Schülerinnen und Schüler folgende Aufgabe:

Comment on the images and definitions in particular that illustrate the American-Mexican and Latino-Anglo confrontation.

Lösungsvorschlag:

- Mexican-Americans are referred to as "half-breeds", "caught between camps"" (ll. 3–4) ➡ they don't belong to either side, don't know where they belong
- real Mexicans perceive them as "rajetas" (l. 10), having betrayed their own past, mixing American and Mexican food, language, etc.
- they can only be a "crossroads" (l. 43) ➡ they can't go their own way, never reach their destination, never feel at home

Analysis: *To live in the Borderlands means you*

Read the poem and answer the following questions.

1. Explain what aspect(s) each of the stanzas adds.

2. What do they add up to in total?

3. Analyzed Interpret the different opening lines of the stanzas. ~~Can you identify a pattern~~?

4. As a jumbling exercise, cut out each of the stanzas, and change their original order. Where would you have to insist on the original order established by the author?

5. The title of the poem is simply the same as what is called the index line. Think of another appropriate title (preferably from the poem itself).

Gloria Anzaldúa, *To live in the Borderlands means you*

To live in the Borderlands means you
are neither *hispana india negra espanola*
ni gabacha, eres mestiza, mulata, half-breed
caught in the crossfire between camps
while carrying all five races on your back
not knowing which side to turn to, run from;

To live in the Borderlands means knowing
that the *india* in you, betrayed for 500 years,
is no longer speaking to you,
that *mexicanas* call you *rajetas,*
that denying the Anglo inside you
is as bad as having denied the Indian or Black;

Cuando vives en la frontera
people walk through you, the wind steals your voice,
you're a *burra, buey,* scapegoat,
forerunner of a new race,
half and half – both woman and man, neither –
a new gender;

To live in the Borderlands means to
put *chile* in the borscht,
eat whole wheat *tortillas,*
speak Tex-Mex with a Brooklyn accent;
be stopped by *la migra* at the border checkpoints;

Living in the Borderlands means you fight hard to
resist the gold elixir beckoning from the bottle,
the pull of the gun barrel,
the rope crushing the hollow of your throat;

In the Borderlands
you are the battleground
where enemies are kin to each other;
you are at home, a stranger,
the border disputes have been settled
the volley of shots have shattered the truce
you are wounded, lost in action
dead, fighting back;

To live in the Borderlands means
the mill with the razor white teeth wants to shred off
your olive-red skin, crush out the kernel, your heart
pound you pinch you roll you out
smelling like white bread but dead;

To survive the Borderlands
you must live *sin fronteras*
be a crossroads.

From: Gloria Anzaldúa: "To live in the Borderlands means you", in: *Borderlands. La Frontera. The New Mestiza,* San Francisco, Aunt Lute Books 1999, pp. 216–217

Component 3

The colonial heritage: Multi-ethnicity in the United Kingdom

Hanif Kureishi, *The Buddha of Suburbia* (1990)

3.1 Different ways of coping with emigration

Der Titel von Hanif Kureishis Roman greift mit *Buddha* auf eine zentrale Figur östlicher Spiritualität und mit *Suburbia* auf einen wichtigen Begriff der in erster Linie westlichen Zivilisationsgeschichte und Städteplanung zurück. Die Zusammenfügung in einem Buchtitel drückt bereits die beiden Pole im Spannungsfeld aus. Die Schülerinnen und Schüler sollten daher zunächst in einem Brainstorming zusammentragen, was sie mit beiden Begriffen verbinden.

What do you associate with the two key terms of the title: *Buddha* and *Suburbia?* Collect your ideas in a brainstorming.

Als Einstimmung in den Hörtext empfiehlt sich die auf *Copy 20* abgedruckte Selbstcharakterisierung des Ich-Erzählers, die den Stellenwert seiner Beschreibungen und Bewertungen erhellt. Die Schülerinnen und Schüler lesen diesen Text und bearbeiten dazu Aufgabe 1. Anschließend hören sie sich den Audio-Text an und bearbeiten Aufgabe 2.

Lösungsvorschlag zu *Copy 20:*

1. process of growing up; confrontation of the world of the adult and of the adolescent; a new breed of Englishman; the confrontation of two old histories: Western and Eastern; odd mixture of continents and blood; mainstream culture and subcultures; the role of the suburbs; seventeen and ready to explore the world; the topic of looking for trouble; family trouble; the experience of a deadlocked world around you; the general feeling of "Weltschmerz"; the motif of (abrupt) change; the idea of being different

2.

Topics and themes of the first part (up to p. 75, l. 18)	Topics and themes of the second part (up to p. 76, l. 23)
• the narrator's dad's (and uncle's) childhood in Bombay • their privileged lives (housing, servants, rickshaw) • early contact with the British world (cricket, tennis) • riots and demonstrations • Hindu-Muslim fighting • parties to go to (film industry) • early prospects of careers as actor, doctor, officer in the navy	• total contrast: son "condemned" (p. 75, l. 15f.) to a life in England, in a dreary suburb of London • complicated life • "aristocratic uselessness" (p. 75, l. 32) • playing with the concept of socialism • no "confusion" with the "swarms of Indian peasants" (p. 75, l. 35f.) • sent to England to be educated

East vs. West: Intercultural conflicts in *The Buddha of Suburbia*

1. In the following extract, the narrator of *The Buddha of Suburbia* introduces himself. What sources of possible conflicts can you identify? What perspectives are opened up as to a possible development described in the novel?

My name is Karim Amir, and I am an Englishman born and bred, almost. I am often considered to be a funny kind of Englishman, a new breed as it were, having emerged from two old histories. But I don't care – Englishman I am (though not proud of it), from the South London suburbs and going somewhere. Perhaps it is the odd mixture of continents and blood, of here and there, of belonging and not, that makes me restless and easily bored. Or perhaps it was being brought up in the suburbs that did it. Anyway, why search the inner room when it's enough to say that I was looking for trouble, any kind of movement, action and sexual interest I could find, because things were so gloomy, so slow and heavy, in our family, I don't know why. Quite frankly, it was all getting me down and I was ready for anything. Then one day everything changed. In the morning things were one way and by bedtime another. I was seventeen.

From: Hanif Kureishi: *The Buddha of Suburbia*, London: Faber & Faber 1990, p. 3

2. Listen to the text. Against the background of your exploration of possible conflicts described in the novel, identify the topics and themes of this extract and write them down in the grid:

Topics and themes of the first part (up to p. 75, l. 18)	Topics and themes of the second part (up to p. 76, l. 23)

3. Now read the complete extract and show how the lives of the narrator's Dad Haroon and his uncle Anwar illustrate two ways of settling in a strange environment.

Topics and themes of the first part (up to p. 75, l. 18)	Topics and themes of the second part (up to p. 76, l. 23)
• all in all: "an idyllic childhood" (p. 75, l. 14)	• hope of returning to India "a qualified and polished English gentleman" (p. 75, l. 44f.), cf. Ghandi and Jinnah • disappointment: not seeing his mother again • London a freezing shock • never enough to eat, "diet of the working class" (p. 76, l. 11) • rationing still on • confrontation with another England (poverty, poor manners, little education) • living in a different world (in the poetry of Byron)

3. They both start as newcomers to England, the motherland of the former colony, but their lives in Britain illustrate the two main alternative ways of settling into the new environment, i.e. assimilation or segregation; in other words giving up or preserving one's original national, ethnic, cultural and religious identity. Moreover, Haroon's life clearly shows how much he depends on the steady flow of money from his homeland (an interesting reversal of the usual direction of cash-flow). As soon as no more money arrives, his extravagant life-style comes to an end: "working as a clerk in the Civil Service for £3 a week" (p. 77, l. 43f.). The humorous, sometimes satirical description of Haroon's difficulties with the practical sides of life partly explains his retreat into the world of Eastern spirituality but also throws light on Haroon's realisation of the white man's arrogant attitude towards the Indians (cf. 79, l. 7–10).

Als Hausaufgabe beschreiben die Schülerinnen und Schüler, wie der Ich-Erzähler des Romans das Leben seines Vaters – die indische Vergangenheit und die englische Gegenwart – aus unterschiedlichen Perspektiven darstellt.

Analyse how the first-person narrator presents his father's life from various perspectives.

Als Musterlösung kann den Schülern *Copy 21* ausgehändigt werden.

Meera Syal, *Anita and Me* (1996)

3.2 Dreary present – idyllic past?

Bevor sich die Schülerinnen und Schüler den Auszug aus Meera Syals Roman anhören, tragen sie in einem Brainstorming zusammen, wodurch sich Einwanderer der ersten und der zweiten Generation voneinander unterscheiden.

In a brainstorming, think about some fundamental differences between first- and second-generation immigrants.

Model analysis: Haroon's life seen from different perspectives

Analyse how the first-person narrator presents his father's life from various perspectives.

The first-person narrator Kamir, the son, allows the reader to see his father from different perspectives: that of the (now adult) son; furthermore, that of Haroon's cousin Anwar and of Haroon's wife Margaret, an English working-class girl. All in all it is a family-perspective (full of sympathy, love and – pity, p. 78, l. 33 f.).
There is also the perspective of the Indian family left behind, initially encouraging their promising and aspiring emigrant son with support and money until they find out that he has not really been studying for the Bar but instead frequently visiting the bars (p. 77, l. 11 ff.), not to think, but to drink. A glorious aristocratic past in India (also laid claim to by Margaret and compared to the English context, p. 75, l. 32 f.) is contrasted against the dreary reality of lower-middle-class life in a London suburb; life in luxurious leisure in India is set against monotonous and underpaid work-life in England, and the same applies to housing conditions. This complicated, but unspectacular life in the new world cannot compete with the former life in abundance and glamour at home in India, in short: emigration has resulted in a social downfall.
The fact that all of this nevertheless does not appear so drastic is due to the narrator's sense of humour and irony and his loving understanding of his father, whose problems coping with reality he, as the representative of the second generation, seems to fully understand.

Die Frage wird zunächst intuitiv beantwortet, sodass das Brainstorming auf die Deutung der unterschiedlichen Lebenserfahrung der Generationen, wie sie im Text vorgestellt wird, vorbereitet.

Lösungsvorschlag:

First-generation immigrants	Second-generation immigrants
• rooted in the culture of the former home country • exposed to a strange world and language • often unable to adapt	• grew up in the new environment • can adapt easily • speak the language • know the different way of life • are able to live a double existence

Nun hören sich die Schüler den Text auf CD an. Die Audio-Version sollte zweimal vorgespielt werden, wobei es beim ersten Vorspielen darum geht, das Lebensgefühl der *first-generation immigrants,* ihre Anpassungsprobleme und ihr Heimwehgefühl, global zu erfassen, während es beim zweiten Vorspielen und Mitlesen zusätzlich um die Wahrnehmung und Deutung des Lebens der Mutter aus der Perspektive des Kindes Meena als Vertreterin der *second-generation immigrants* geht.

How do Meena's father and mother, personifying first-generation immigrants, perceive the reality of their being in Britain as compared to their nostalgic view of their past in their native Punjabi?

Lösungsvorschlag:

- father: sick of the dreary living conditions (damp house, outside toilet; long, complicated way to work)
- mother: homesick, often talks about her former life in the Indian countryside; even in England prefers being close to nature to the amenities of "modern" houses (like those of her friends)

Listen again and read the extract. Outline how Meena views her mother and her mother's past.

Lösungsvorschlag:

- Meena, the girl-narrator, reacts to the memory and reflections of her mother: how she is torn between boredom (p. 80, l. 40), jealousy of this past (ibid.), fascination and obsession (p. 81, l. 13).
- this can serve as an example of first- and second-generation immigration (with their specific problems of, for example, identity and (divided) loyalty)
- special significance of the rickshaw episode, which in "this meeting of two worlds, the collision of the epic and the banal" (p. 81, l. 14f.) simultaneously prefigures a different attitude towards violence and inflicting death on others

Anschließend bearbeiten die Schülerinnen und Schüler in Partnerarbeit folgende Aufgabe:

Explain the Indian ladies' motivation for their "transition" to "modern" homes.

Lösungsvorschlag:

openness to modern trends, the latest in technology and the tendency to keep up with the (English) Joneses as a sign of assimilation and the ultimate contrast to all forms of fundamentalism (but also as a sign of both ignoring one's roots and denying one's identity); contrast to Meena's mother's motive for owning a little house out in nature (though inconvenient in many respects), mirroring her home close to nature in India (a variant of the dream: closeness to nature and simple life vs. the "suburban" dream of climbing the social ladder)

Die unterschiedlichen Auffassungen von Meenas Mutter und ihren Freundinnen versuchen die Schüler nun szenisch umzusetzen. Dazu schreiben sie in Gruppen ein Gespräch, das sie anschließend dem gesamten Kurs vorspielen.

Meena's mother is talking to her friend(s) about life in England and their different choices as far as housing is concerned. Meena takes part in the conversation, too. In groups, write down a possible conversation and present it to the class.

Atima Srivastava, *Looking for Maya* (1996)

3.3 The "odd kinship" of Indian emigrants

Als *pre-reading activity* lesen die Schülerinnen und Schüler die Einleitung zu *Looking for Maya* und beantworten dazu folgende Frage:

What information do we get about the first-person narrator of the novel?

Lösungsvorschlag:

(1) university-educated, (2) second-generation immigrant, (3) female narrator viewing life in the (4) new and in the (5) old world

In einem Brainstorming werden nach Lektüre des Romanauszugs mögliche Interpretationsschwerpunkte genannt und auf Folie festgehalten. Aus dieser Liste sollen die Schüler in Gruppen jeweils zwei Aspekte zur Untersuchung *(highlighting, marking)* des Textes auswählen und ihre anschließende Bearbeitung im Unterrichtsgespräch vorbereiten.

In your group, choose two of the aspects and collect all the information you can find about them in the text. Present your findings to the class.

Lösungsvorschlag:

- **the role of education, of literature, and of poetry in particular:** introduction to the world of learning and literature (both of India and England) and to the world of literary and arts studies, short story writing, the study of different musical styles

- **a woman's love, self-determination and self-realization (cf. the cultural differences of her lovers), the role of the young female, the question of emancipation:** in addition to learning and literature, love is the decisive experience which throws light on cultural (and perhaps religious) diversity and its impact on a young woman's process of emancipation, of breaking away from her parents' background, of her differentiating between her private and her public attitudes; the two men the girl-narrator finds attractive reflect the different spheres of life that lure her (her past and her present/future)
- **the child-parent relationship:** close, mutual relationship of love, understanding and trust, of a common heritage, of caring for one another, of a common love of an intellectual culture in which poetry and literature in general as well as the arts and music are appreciated and are a natural part of one's everyday-life; the parents have introduced their daughter to these values and to associated conventions (e.g. about dating, kissing) which she has taken over but is gradually ignoring (when her parents are absent)
- **enjoying the freedom of being left on her own:** as for any young person dependent on parents' support, the absence of the parents can be and often is experienced as a time of liberation, freedom and unwonted independence (cf. p. 83, l. 27f.), especially when it means access to a private home and the fact that there is nobody there to supervise one, to tell someone what to do; it can also be a time of selfawareness and self-responsibility, of reflection on one's (un)limited possibilities and limitations
- **the different male perspectives (father, Luke, Amrit):** the story is told from the point of view of a female narrator who perceives the world around her as a male-dominated one and one which she obviously accepts as a reality, without asking nasty questions; she simply takes her equality for granted; the male representatives stand for the diversity of intercultural experience: Indian poet and first-generation immigrant (father), Indian fully assimilated/integrated British citizen and English writer (Amrit), English student (who has won a scholarship to study Indian music) in love with Mira (English short story competition winner); the men are defined by what they mean to Mira (fatherly love and care – common roots and exceptional understanding (p. 83, l. 18ff.), professional interest, mutual attraction – young love and adoration of the exotic)
- **the treatment of cultural diversity and exchange:** Mira introduces the reader to the variety and beauty of a foreign culture, especially its various languages and literature and its refined manners, conventions (p. 84, l. 10 ff.) and customs (p. 82, p. 31ff.), which all reflect an extraordinary degree of excellence, beauty and refinement and of regional differentiation; it is Ralph and Luke, the two outsiders in this dialogue on India and Indian culture, who approach this intercultural exchange as personifications of the reader's approach sharing his or her lack of insight but also his or her genuine interest and fascination while Amrit is the one who fully understands and finds himself fully understood by Mira; in addition, what to the onlooker at first might seem like a monolithic culture breaks down into so many different variants (rural India but also Bombay and Delhi, Punjabi, Bengali, Lucknow – Hindustani, Urdu and Hindi – historical reminiscences from

the Nawabs of Oudh to the lawlessness of Delhi today – different religious denominations and their effect on the lives of Muslim and Hindu followers in India and even on their compatriots in England (p. 82, l. 19 ff.))
- **the caste system of India:** there is a secret understanding ("odd kinship", p. 82, p. 44) between Mira and Amrit as regards the caste system of India, which is antithetic to Western democracy and the basic concepts of equality and civil rights based thereon even though India is the only fully-fledged democracy in that part of the world); the two personify the look at their country of origin from within, which includes understanding in spite of their being part of the Western secularization and rational traditions
- **the references to religion and religious duties:** references to Muslims and Hindus in connection with the Untouchables and with the caste system, not treated seriously but with an ironical and humorous overtone (p. 82, l. 40 ff.), pointing out the inevitable discrepancy between Muslim religious theory and teaching on the one hand and practice on the other (p. 83, l. 1 ff.) and the politeness of "cultured Muslims" (p. 84, l. 14 ff.) or Hindu faith and the discrimination against whole groups of society through the caste system (p. 83, l. 4 ff.); interestingly enough, there are no comparisons with Christianity, a clear sign that only the indigenous religions are at stake; for references to Christianity within an Indian context see Arundhati Roy's *The God of Small Things,* p. 98–102

Abschließend erhalten die Schülerinnen und Schüler die Aufgabe, Mira zu charakterisieren. Dies kann in Form eines individuellen Schreibauftrags während des Unterrichts oder als Hausaufgabe geschehen.

Write a character sketch about Mira.

Lösungsvorschlag:

very well educated girl, with literary ambitions (prize in short story competition), with an upper-middle-class Indian background; her parents (RaviKavi – the contraction of their first names indicating the closeness of her parents' relationship) are Hindi poets who have brought up their daughter to love poetry, to respect conventions and customs, to behave well and to live a life on her own; Mira knows to differentiate between the demands of her Indian family and immediate environment (aunts and uncles) and what is acceptable in a Western society and she thus acts accordingly; although she has been socialized according to Western traditions, she still values the traditions of her old world; but when she meets Amrit, an established English writer of Indian descent, she is fascinated by the extreme kinship and realizes how much her original culture means to her; it is as if she were suddenly confronted with the world of the adults in comparison with the world of the young represented by Luke (cf. p. 84, l. 21 ff.); despite having lived with the attractions of the Western world for so long, she now becomes aware of the charm and the beauty of her native culture and of the possible symbiosis of the two personified by Amrit

John Agard, *Oxford Don* (1972)

3.4 Language as an instrument for controlling social position

Als Einstieg in das Thema des Gedichts kommentieren die Schülerinnen und Schüler das Foto, das oben auf *Copy 22* abgebildet ist.

> What does the picture represent?
>
> **Lösungsvorschlag:**
>
> the world of academia, one of the oldest European universities (tradition of colleges), students and professors (dons) in their gowns, ceremony of Degree Day (when academic degrees are conferred), still today a very prestigious institution (cf. Oxbridge) with great influence on future careers ("the old school tie")

Im Anschluss an die Bilderläuterung und Kontextualisierung hören sich die Schülerinnen und Schüler das Gedicht ein erstes Mal auf CD an. Das Hörerlebnis lässt sich vereinfachend im Urteil der Schüler über die Sprache des Gedichts von *wrong, lots of mistakes, incorrect usage, funny pronunciation* bis hin zu *slang, non-Standard English* oder gar *variant of Caribbean English* zusammenfassen. Inhaltlich wird man auf den Zusammenhang mit Oxford Don und die Negierung der durch diesen Begriff ausgelösten Assoziationen abheben.
Bevor nun mit der Analyse des Gedichts begonnen wird, versuchen sich die Schüler an einer näherungsweisen Umschrift in *Standard British English.* Der Text wird gemeinsam erarbeitet und an die Tafel geschrieben.

The rewriting of *Oxford Don* in Standard British English:

I am not an Oxford don	They accuse me of not following
but a simple immigrant	the rules of the Oxford Dictionary
from Clapham Common	imagine me, concise and peaceful,
without a degree	they want to imprison me
just an immigrant	for inciting rhyme to riot
	but I take it easy
But listen to me, Professor,	down here in Clapham Common
I feel I am persecuted	
and who is persecuted	I'm not violent, Professor,
is also dangerous	my only weapon is my breath
	But human breath
I have got neither gun	is a dangerous weapon
nor knife	
incorrect use of Queen's English	So make them send a guard after me
is my handicap in life	I will not serve time in jail
	I will drop suffixes in self-defence
I warn you, Professor,	and use present instead of future tense
they are after me	and if necessary
and someone wanted	
is dangerous	I will blame it all on the Queen's English

Language as a weapon: Analysis of *Oxford Don*

1. What does this picture represent?

Degree ceremony, Oxford university

2. What does the reader or listener get to know about the lyrical I, the speaker?

3. Find out some features of Caribbean English and compare the original CE version with the Standard BE version.

4. Try to explain what the audio-version adds to the effect of the poem.

Die Schülerinnen und Schüler hören sich das Gedicht nun noch einmal mit offenem Buch an und bearbeiten dann in Partnerarbeit die Fragen 2–4 von *Copy* 22.

Lösungsvorschlag zu *Copy 22:*

2. speaker is not educated, has not graduated, has no academic degree; he is just an immigrant; he feels persecuted, and as a reaction, warns the English establishment that he is dangerous; his offence is the violation, the incorrect use of English (Oxford English and Queen's English as national and linguistic institutions); typical common "mistakes" such as dropping suffixes and not correctly using the future tense where needed are punished with social sanctions, exclusion from the English middle-class; the speaker warns the establishment represented by the Oxford Don that he will use his poetry as an instrument of protest and rebellion

3. a) *me* – instead of I; *not no, ent have no,* etc. – double negation; *me a, I walking,* etc. – dropping of verb/predicate; *I immigrate* – irregular use of tense; *de* – no *th*; *I ent* – irregular spelling of short form *ain't; yu* – irregular pronunciation of *you; imagin, tekking, mek* – irregular phonetic-based spelling (imitating pronunciation); *not violent man* – dropping of article

b) comparison reveals, above all, a lack of authenticity and thus a lack of plausibility of the message of discrimination because of a poor command of the language; the command of language is seen as an instrument of integration; correct use of Standard British English (even more, of Oxford English or Queen's English) is like a secret code needed to enter the upper classes of (British) society; in the context of 1968 (see publication date of the poem), language may also be seen as an instrument for controlling the social position and social rise of the individual (German: *Herrschaftsinstrument)*

4. as can be seen in the phonetic transcription, pronunciation is a vital instrument for showing the intended effect of deviation from a linguistic norm; the time the poem was written, this norm was taken to be compulsory, see RP (Received Pronunciation), which was regarded as the norm; deviation from it was either dialectal or sociolectal and often regarded as a sign of being uneducated and thus of not belonging to the educated establishment.

John Agard, *checking out me history* (1989)

3.5 The falsification of historiography as a deprivation of identity

Als Hausaufgabe lesen die Schülerinnen und Schüler das Gedicht *checking out me history.* Dabei erstellen sie eine Liste aller im Gedicht genannten historischen Fakten und suchen dazu Informationen im Internet.

Make a list of the historical references in *checking out me history.* Then find information about them on the Internet or in a dictionary/an encyclopedia.

Lösungsvorschlag:

1066 – the Norman Conquest; *Dick Whittington* – historical figure of Lord Mayor of London in the 14th century, also a popular pantomime character; *Toussaint L'Ouverture* – Francois-Dominique Toussaint L'Ouverture (1743 – 1803), Haitian national hero, led the revolution against the French and freed the slaves in what is now the Dominican Republic; *Napoleon* – French Emperor (1769 – 1821); *balloon* – Montgolfier Brothers, inventors of Montgolfière hot air balloons at the end of the 18th century in France; *Nanny* – Queen Nanny of the Maroons, guided the Maroons in their resistance against the British between 1725 and 1740; *Lord Nelson* – (1758–1805) English admiral whose death at Trafalgar is remembered as the high point of British naval history; *Waterloo* – (1815) defeat of French army by Wellington and Blücher; *Shaka* – (1787 – 1828) Zulu tribe leader who united several tribes; *Zulu* – African tribe; *Columbus* – (1451 – 1506) explorer, discovered America in *1492; Caribs* – aboriginal inhabitants of the southern West Indian islands and Central America; *Arawaks* – members of a group of Indian peoples, chiefly inhabiting the northeast coast of South America; *Florence Nightingale* – (1820 – 1910) cared for the wounded in the Crimean War, and because of her nightly inspections, she was called the Lady of the Lamp; *Robin Hood* – 14th century legendary outlaw who redistributed wealth to the poor; *King Cole* – legendary king of Celtic Britain, figures in a traditional nursery rhyme; *Mary Seacole* – (1805 – 1881) mixed-race British nurse; *Crimean War* – (1854 – 1856) war of Great Britain, France and Turkey against Russia

Die Untersuchungsaufgabe ergibt als Prinzip des Gedichtaufbaus und der inhaltlichen Aussage die Korrektur der eurozentrierten Geschichtsschreibung aus Sicht des jamaikanischen Autors. An die Besprechung der Hausaufgabe kann sich also folgende Frage anschließen, die im Unterrichtsgespräch erörtert werden kann:

Which countries/parts of the world do these historical references refer to? What does the author want to express by using these references?

Lösungsvorschlag:

overall references to English, Haitian, French, European, American, Jamaican, Russian history → different histories belonging to two categories: either European (English, French and Russian) and American history or Caribbean history → the Caribbean contribution to the history of the Western world and the mutual relationship largely ignored by European or American historiography (eurocentrism as a late consequence of colonialism) → as a result: Caribbean history and folklore seen through European or American eyes → thus "bandaging" and "blinding" the indigenous people to their own history

Die Schülerinnen und Schüler hören sich das Gedicht nun auf CD an. Anschließend bearbeiten sie in Partnerarbeit *Copy 23*.

Lösungsvorschlag zu *Copy 23:*

1. antithetic structure: antagonism *them – me;* history of the indigenous Caribbean peoples – European and American history; importance of: *dem tell me* – historiography as indoctrination and cultural colonialism
2. "falsification" of historiography, rewriting of history; purpose: preventing me (us) from knowing my (our) history and identity
3. opposition of the complaints and accusation in the first stanza and the self-awareness stated in the last stanza (frame: matter-of-fact statement and accusation, claiming a new self-awareness and state of mind after the process of "checking out me history"; contrasting imagery of "bandaging" and "blinding" vs. "carving out me identity", the close connection between historiography and identity
4. central themes: colonialism, cultural determination through foreign powers, the presence of indigenous peoples and races and their cultural richness ignored by the colonizers; the feeling of not really belonging and being accepted, of being strangers and easy prey – two different ways of approaching the general public: either using SBE to reach a worldwide audience or insisting on one's own voice by using a language that at least sounds the way it is spoken where they live

History and identity: Analysis of *checking out me history*

Read the poem *checking out me history* and answer the following questions.

1. Describe the underlying structure of the poem.

2. How and to what purpose is historiography used by "them"?

3. Explain the antagonism between the first and the last stanza.

4. State to what extent the following definition (or part of it) of Caribbean poetry can be applied to John Agard's poems:

[...] Caribbean writers in English are concerned with essential subjects: colonialism, cultural transplantation, racial and cultural diversity, and the struggle for national identity. Recurring themes are displacement and loss, rootlessness and alienation, exploitation and resistance. While most of their writing is in standard English, many writers employ Creole and Caribbean varieties of English, especially in dialogue and poetry.

From: Tom McArthur (ed.): *The Oxford Companion to the English Language,* Oxford, OUP 1992

Component 4

Multi-ethnicity: A global phenomenon

Anchee Min, *Katherine* (1996)

4.1 Multi-ethnicity: Not a one-way road

In dieser Unit geht es um den wechselseitigen Dialog der Kulturen. Als Einstieg lesen die Schülerinnen und Schüler die drei Einführungen zu den Texten von Anchee Min, Norman Williams und Arundhati Roy und bearbeiten in Partnerarbeit die folgende Aufgabe.

Read the introduction to the texts of Anchee Min, Norman Williams and Arundhati Roy. What do they all have in common?

Leitender Gesichtspunkt bei der Lektüre ist der Perspektivenwechsel zwischen *Outsider* und *Insider,* durch den der Repräsentant westlicher Werte als der zu Belehrende (bei Anchee Min), westliche Errungenschaft als zugleich etwas Ersehntes und Zurückgewiesenes (bei Norman Williams) und schließlich die geistige „Kolonisierung" zugleich als Bereicherung und Verlust (bei Arundhati Roy) erfahren wird.

Lösungsvorschlag:

Anchee Min: American (representative of Western culture) wanting to learn about Chinese (Eastern) culture (mutual exchange?); Norman Williams: Western values embraced and rejected by Japanese family (a generational conflict?); Arundhati Roy: spiritual colonization representing enrichment and loss at the same time. Common point: the "clash" of Eastern and Western values and the change of perspective between insider and outsider

4.2 Student and teacher or a mutual exchange?

Zur Vorbereitung auf den Text von Anchee Min informieren sich die Schülerinnen und Schüler im Internet über die chinesische Ein-Kind-Politik.

Check the Internet to find out more about the one-child policy in China.

Der Auszug aus dem Roman *Katherine* liegt als Audio-Text auf CD vor. Die Schüler hören sich den Text zunächst mit dem Ziel an, den Inhalt global zu verstehen.

Listen to the text and try to get the gist of the excerpt and an overall impression.

Lösungsvorschlag:

focused on female topics (male-female relationship, seduction, rape, baby, abortion) – friendship between Katherine and Zebra is also a teacher-pupil (educational) relationship – episode of Zebra's father in prison – influence of the party – intercultural misunderstandings (jokes, irony)

Dann hören sich die Schülerinnen und Schüler den Text ein zweites Mal genauer an und konzentrieren sich dabei auf folgende Aufgabe:

Listen again and focus on the following aspect: Zebra, the Chinese woman-narrator, and Katherine, her American teacher, are women of the same age. What do we get to know about them? Take notes while listening.

Lösungsvorschlag:

- very emotional
- highly involved, extremely subjective
- full of body-language
- use of emphatic language
- family-oriented (traditional role of father)
- political and factual information filtered through personal experience
- identification of two important episodes: Zebra's father's life in prison, Katherine's blind mother
- influence of the Party
- Zebra's missing her father
- has experienced hatred, thinks she knows about love
- friendship with Katherine (also a learning-teaching relation)
- role of emotion, reference to poetry
- emotional reaction: "rapture"
- mutual understanding
- laughter expressing companionship
- complementary images to describe this relationship: sickle and rake, sponge sucking water of knowledge
- intercultural relevance of understanding a joke and irony

Diese *notes* bereiten die Schülerinnen und Schüler auf die detaillierte Analyse vor, die zusätzlich durch folgende Anweisung gelenkt werden kann:

Show how Zebra's story reflects both her personal fate as a woman and, more particularly, a woman in Maoist China, just as Katherine's reaction is that of a woman and, more particularly, an American woman

Die Ergebnisse der Partnerarbeit können in einem Tafelbild festgehalten werden.

Zebra (as a woman/Chinese woman)	Katherine (as a woman/American woman)
• Zebra's story of abandoning children in China • Chinese one-child and abortion policy • the effects on people's character, mentality and moral outlook • Zebra's "paralysis", no feeling with her people • Zebra's belief that people are born evil, refuses to understand shame, rejects Katherine's sentimentality • the story of Zebra's being seduced and raped, then blackmailed and put under pressure • the abortion of her deformed child, her inability to cope with it	• Katherine's reaction: cold, cruel people • Katherine's compassion and her story of her blind and deaf mother and of her wish to adopt a child • Katherine's philosophy of life as a part of American beliefs
➡ two lives merging ➡ from the world of nightmares to the world of hope ➡ symbolism of morning sunshine greeting the day	

Norman Williams, *Protest* (1995)

4.3 The adoption of Western values – a generational conflict?

Als Hausaufgabe lesen die Schülerinnen und Schüler den Text und üben eine der beiden Rollen ein.

Read the text at home. Practise reading either the female or the male part.

Im Unterricht üben die Schüler dann in Partnerarbeit den Vortrag des gesamten Vater-Tochter-Gesprächs ein. Einige Paare tragen den Dialog vor, während der Rest der Kursgruppe beurteilt, welche Aspekte des Textes durch die jeweilige Darstellung besonders betont werden.

State what aspects and impact of the dialogue the presentations focused on and discuss them.

Lösungsvorschlag:

underlying principle of fundamental opposition – asymmetrical relation of father and daughter (generational conflict: superiority vs. subordination → protest, rebellion) – traditional role of man and woman (Eastern role patterns) and traditional role of the generations (setting an example, authority vs. due respect for wisdom and old age, obedience) – values and norms vs. customs or conventions (discipline, wisdom, virtue, tradition, custom, religion, obedience, chained lives: **prison** – comfort, wonderful things, new ideas, change, self-determination: **freedom**) – contrast of Western (American) and Eastern (Japanese) way of life and values (opposition of *have* and *be*) – encounter of different cultures and civilizations seen as an act of invasion (p. 96, l. 5) – the lessons of history ("courageous lives of our history's heroines", p. 94, l. 37) – goals and methods of education – the ideal of the emancipated woman (free to grow and blossom, walk freely, with her own money, go to school and learn what men learn, criticize her husband, embrace and kiss in public → choose her husband) – patriarchal ideal: love controlled by reason and pragmatism

Als Hausaufgabe versuchen die Schülerinnen und Schüler, sich in die Tochter hineinzuversetzen, indem sie ihr in einem Brief ihr eigenes Erwachsenwerden schildern.

A trip in a time-machine has allowed you to travel back to the year 1900 and given you the chance to write a personal letter to the Japanese girl. Explain to her how you have experienced growing up and finding your way in today's society. Focus in particular on the aspects that have changed and that she might be especially interested in.

Arundhati Roy, *The God of Small Things* (1997)

4.4 The good and bad sides of the "colonization of the spirit"

Als *pre-reading activity* suchen die Schülerinnen und Schüler im Internet Informationen über den Handlungsschauplatz Ayemenem. Dies kann gegebenenfalls in arbeitsteiliger Gruppenarbeit geschehen.

On the Internet, look for information about Ayemenem, the place of action in Arundhati Roy's novel. You could try the following links:
Context of the novel:
http://www.georgetown.edu/users/ama44/Priya's%20Space.htm
The place of action:
http://www.georgetown.edu/users/ama44/Ayemenem.htm
The Ayemenem House: http://website.lineone.net/~jon.simmons/roy/tgost2b0.htm
Arundhati's Ayemenem: www.indiavarta.com/travel/22feb04.asp
Prepare to give a brief summary of the results in class.

Die Schülerinnen und Schüler lesen nun den Romanauszug und beantworten folgende Frage:

State your overall impression: What image of India is presented?

Lösungsvorschlag:

extended-family-oriented, frictions within the different generations of the family, conflict between progress and self-realization (Mammachi) and traditionalism, immobility and backward-orientation (Pappachi), sentimental attachment to the long-lost Empire (Anglophile), problems of finding their places (Chacko, Ammu) and adapting to a world no longer familiar to them (the repatriates), the experience of being locked out of the History House (Estha, Rahel)

Anschließend sollen in Gruppenarbeit folgende Aspekte und literarische Stilmittel genauer analysiert werden:

Analyse the following aspects and literary devices: 1. setting and atmosphere, 2. time, 3. characters, 4. structure, 5. point of view, 6. theme, 7. language, 8. symbolism, 9. style, 10. motifs, 11. message/meaning.

Dazu erhalten die Gruppen zu jedem Punkt eine Karte, auf der sie ihre Beobachtungen und Textbeispiele notieren. An die Wände des Kursraumes wird nun pro Thema ein Plakat gehängt, auf das alle Gruppen ihre Karte zu diesem Thema anheften.
Nun können die Schülerinnen und Schüler die Beiträge der anderen Gruppen lesen und mit ihren eigenen vergleichen. Wenn es sehr viele Gruppen gibt oder nicht genügend Zeit vorhanden ist, können die Themen arbeitsteilig bearbeitet werden.

Lösungsvorschlag:

1. **setting and atmosphere** (based on the Internet information): Ayemenem as opposed to Delhi and Vienna: provincial, rural India, cut off from the world; stifling, depressing, morbid; the literary quality of the place
2. **time:** the historical context of post-colonial India in the sixties (after Independence, but still – above all, emotionally – linked with England; slowly-developing small family businesses; women slowly becoming emancipated as compared to the rapidly rising India of today
3. **characters** and constellation of characters: extended family with Pappachi and Mammachi as central characters in a hierarchic society; strong position of parents is only questioned and challenged in case of abuse (Pappachi beating his wife); the two children, Chacko and Ammu: both disillusioned victims of culture clashes and cynical about their uneventful lives and frustrations; Ammu's children, Estha and Rahel, the latest victims of the family of Anglophiles, witnesses to a gradual decay (cf. symbolism of the deserted History House)
4. **structure:** excerpt as part of the novel: divided into the **story of the grandparent-generation**, success of starting a business vs. depression due to retirement; **Pappachi's isolation and self-destruction** while keeping up the English gentleman's facade (dress, car, obituary, professional reputation, self-presentation in the photo between pretension and reality) and the **episode of the Anglophile past**
5. **point of view:** neutral narrator-observer with intimate knowledge of the characters and involved in what goes on inside and outside; detachment and irony as sources of reflection
6. **theme:** the desperate search for one's historical, ethnic and cultural (even gender) identity; the sense of deprivation and lack of perspective; the "war"

7. **language:** metaphor of the photograph (cf. Oscar Wilde's *Picture of Dorian Gray*); the cloak imagery (suits unfit for the climate and the social/cultural context); the references to the logic of and affection for the English language (cuff-links, disposed, Anglophile)
8. **symbolism:** symbolism of the History House and its owner – an Englishman "gone native" (name, language, dress, p. 103, l. 1 f.), which one cannot enter because one has "been locked out" (p. 103, l. 16f.), which one cannot understand "because our minds haven't been invaded by a war" (p. 103, l. 20)
9. **style:** well-balanced mixture of factual description, information and atmospheric presentation; poetic visualization and reflective discourse
10. **motifs:** the **moth** haunting him and his family: the absurdity of its discovery (p. 100, l. 8), the discrepancy between the tiny moth and Pappachi's expectations (fame, p. 100, l. 15); his being too late (sense of tragic irony, p. 100, l. 23), and the effects: ill-humoured, black moods, bouts of temper, pernicious ghost, haunted, "tormented him and his children and his children's children" (p. 100, l. 32); **History House, photograph** and **unfitting dress** (see above)
11. **message/meaning:** history of a family reflecting on the "war" between the genders, the generations and the cultures of different nations; the sense of selfhood and loss and alienation; the search for identity: the necessity of preserving your self

Julian Barnes, *The Visitors* (1989)

4.5 Multi-ethnicity: world-wide terrorism

Als Einstieg beschäftigen sich die Schülerinnen und Schüler mit dem Titel des Romankapitels.

What expectations are raised by the title *The Visitors*?

Lösungsvorschlag:

The "harmlessness" of the title – together with the plot of a Mediterranean cruise – creates the misleading anticipation of a friendly visit in an idyllic setting.

In Partnerarbeit analysieren die Schüler nun die Struktur des Textes, der sich in drei Teile gliedert.

Outline the structure of the text and analyse the different parts.

Lösungsvorschlag:

The chapter is structured in line with the intrusion of the terrorists into three parts:

1. **Before the arrival of the "visitors":**
   relaxed holiday atmosphere, internationally-minded group of worldly

travellers and pleasure-seekers; community looking for traces of ancient history and art, the foundation of Christian-occidental culture and civilization; intellectual pleasure of classifying ethnicities and nations; the detachment of the intellectual and the professional manipulation of the media-man who sees nationality as a commodity (change of nationality); his combination of work and pleasure with Tricia (who ironically bears an Irish Christian name); Franklin "celebrating" his lecture – ironical introduction of the visitors being late for his lecture on Knossos

2. **During the "visit":**
   coping with the demands and commands of the visitors, trying different reactions and strategies:

lack of understanding
protest
questions
reasoning, arguing
objections
compromising
giving in
accepting defeat
resignation
withdrawal
retreat

↓

gradual development of action/interaction

3. **The final show-down:**
   accepting one's helplessness where resistance is pointless

Anschließend vergleichen die Schülerinnen und Schüler Franklin Hughes' Beschreibung der politischen Lage im Mittleren Osten mit der aktuellen Lage. Dazu suchen sie in Gruppenarbeit Informationen im Internet.

In the story, Franklin Hughes tries to explain "the politics of the Middle East" (p. 122, l. 28). Evaluate his comments in the light of the latest developments in the region; check the Internet for the latest developments.

Nachdem die Gruppen ihre Arbeitsergebnisse in selbst gewählter Form vorgestellt haben, diskutiert die Klasse die folgenden beiden Aspekte:

Describe the moral impact and dilemma of hostage-taking.

Lösungsvorschlag:

Terrorists don't give their victims a chance and leave few options open to the authorities. This makes any mediator a tragic figure: whatever he does will either cost human lives or violate fundamental principles of the free, democratic world.

To what extent does Franklin Hughes personify the limitations of an open democratic society?

Lösungsvorschlag:

Franklin Hughes is introduced as a rather prominent TV journalist and not as a lecturer on the History of the Arts. This choice of the protagonist's role is meant to underline the public and political impact of his negotiating efforts and shows that even a pleasure trip can have political implications and deadly consequences.

In Partnerarbeit setzen die Schülerinnen und Schüler nun ihr Verständnis der erzählten Ereignisse und der Persönlichkeit Franklin Hughes' szenisch um, indem sie ein Fernsehinterview zwischen Hughes und einem Journalisten schreiben und vortragen.

As Julian Barnes's biography shows and as can be traced in the novel, the writer is familiar with both regular journalism and TV journalism. Choose the text form of a TV interview between Hughes and another journalist to rewrite the story.

Lösungsvorschlag:

terrible situation – tragic outcome: the Santa Euphemia hijacked – I was on board as a lecturer – unwillingly became a witness – first tried to negotiate – a kind of mediator between the terrorists and the passengers – hijackers after Jews and Israelis – held Western politics responsible for the fate of the Palestinians – tried to reason with them – no chance – finally had to give in – couldn't prevent them from killing some of the innocent passengers before they themselves were killed and the rest of the passengers freed ...

Zu Hause bearbeiten die Schülerinnen und Schüler folgende Aufgabe:

Tricia has overheard Franklin talking to the leader of the hijackers. Immediately after that, she starts talking to herself. Write down her interior monologue. Start like this: "I can't believe it. Frank is so mean. Using me ..."

Thomas Sowell, *The American Mosaic* (1981)
Samuel P. Huntington, *A Plea for Assimilation* (1996)

4.6 Migration and ethnicity: Two American views

Als *pre-reading activity* überlegen die Schülerinnen und Schüler in Gruppen, was sie mit dem Begriff Mosaik assoziieren. Denkbar wäre es auch, einige Bilder von Mosaiken mit in den Unterricht zu bringen.

What do you associate with the term "mosaic"?

Lösungsvorschlag:

Starting with a definition of the term: "the process of producing pictures or decorative patterns by cementing together small pieces of stone, glass, or other (usu. hard) material of various colours; pictures or patterns, or a constructive or decorative material, produced in this way" (The New Shorter Oxford English Dictionary) → its metaphorical meaning: the harmonious, peaceful living together of different national, ethnic, religious, cultural, etc. groups in a country, region, community ...

Nun sammeln die Schülerinnen und Schüler in arbeitsteiliger Gruppenarbeit im Internet Informationen und Bilder zu zwei bis drei der in der Tabelle auf S. 127 aufgeführten ethnischen Gruppen. Alternativ kann die Recherche auch vorbereitend als Hausaufgabe erledigt werden. Jede Gruppe erstellt aus Bildern und kurzen, informativen Texten eine Collage. Als äußerer Rahmen für alle Collagen kann dann eine Umrisskarte der Vereinigten Staaten dienen.

From the Internet, collect pictures and information about two or three of the ethnic groups mentioned on page 127. Write short informative texts about each ethnic group and present them together with the pictures in a collage. In the end, all groups should put their collages together on a map of the USA, thus creating a big mosaic.

Anschließend lesen die Schülerinnen und Schüler in Stillarbeit den Text, unterstreichen wichtige Passagen und bearbeiten dann folgende Aufgabe:

Give an outline of the most important aspect of Thomas Sowell's argumentation.

Lösungsvorschlag:

- exceptional history, the "great drama" (p. 125, l. 1) of the peopling of America
- people have crossed "every" ocean, represent "every" continent, language, nationality, race, religion (p. 125, ll. 2–5)
- massive representation of autonomous cultures with lives of their own (even supplied leadership to their home countries)
- mosaic of American society (no minority, no majority identifiable)
- largest cultural-linguistic unit (one language, one set of laws, one economy); contrary to Europe
- mixture of unity and diversity according to geographic distribution, time of arrival, attachment to industries and regions, age differences, fertility patterns, incomes, occupations, unemployment rates, crime rates, business ownership

conclusion:

- complex explanation (see obvious role of colour and wealth and time of arrival but plenty of examples to prove otherwise)
- no generalization as to incomes, occupations, unemployment rates or relation minority – majority

Bei der anschließenden Besprechung dieser Aufgabe kann auch diskutiert werden, welche Aspekte von Sowells These die Schüler für überzeugend halten und welche nicht. Dabei kann beispielsweise auch folgende Frage gestellt werden:

Contrast the following sentence with the table on page 127.
"The incomes, occupations, and unemployment rates of American ethnic groups are too different from one another to be described by any gen-

eralization." (p. 127, l. 10f.) Do you agree with Thomas Sowell on this point?

Lösungsvorschlag:

At least one generalization seems possible: the average income of Black, Indian and Hispanic groups is generally lower than that of European, Asian and Jewish ethnic groups.

Als Hausaufgabe beschäftigen sich die Schülerinnen und Schüler mit folgendem Thema:

Apply the metaphor of the mosaic to Sowell's theory.

Lösungsvorschlag:

Sowell's theory presents the many factors that are to be considered when talking about the American mosaic, and shows the complexity and sometimes the counter-arguments as regards explanations; he is against all generalizations with respect to American society, so, in this way, his concept of a *mosaic* comes closest to the kind of interdependence and interaction of nations, ethnicities, religions and cultures in the United States

Sowells Theorie vom *American Mosaic* dient als Einstieg in die Erörterung eines weiteren Modells, das vor allem im Zusammenhang mit dem Angriff auf das World Trade Center am 11. September 2001 weltweit an Aufmerksamkeit gewonnen hat. Im Vergleich der beiden Modelle kommt es u. a. darauf an, zu zeigen, dass alle Modelle und Begriffe (wie auch die hier nicht eigens vorgestellten, z. B. *salad bowl, melting pot)* nur Versuche sind, die Wirklichkeit angemessen zu erfassen.

Sowell's theory of the "American Mosaic" is one of several theories used to describe the American reality. Do you know others? What theories might prevail after the September 11 attacks on the World Trade Center?

Anschließend lesen die Schülerinnen und Schüler Huntingtons Text und bearbeiten dazu in Partnerarbeit *Copy 24.*

Lösungsvorschlag zu *Copy 24*:

1.

West	**East/non-West**
rich **but:** low economic growth rates, saving rates, investment rates	developing economic growth
consumption prior to creation of capabilities for economic and military power	creation of capabilities for economic power
population growth low (compared to Islamic countries)	high population growth
not inevitably catastrophic → immigration source of vigour and human capital on certain conditions: • **if** admission only of able, qualified, energetic, talented and experienced people, • **if** new immigrants are assimilated into Western culture	migration and immigration but unwillingness to integrate/assimilate

Assimilation or cultural decline? – Analysis of Huntington's theory

Read *A Plea for Assimilation* and answer the following questions.

1. In comparison with the East, the West is characterized as a "mature civilization on the brink of decay" (p. 127, l. 2f.). Which characteristics of the West and the East does Huntington present?

West	East/non-West

2. Which "problems of moral decline, cultural suicides, and political disunity" (p. 128, l. 26f.) does Huntington detect in Western civilization?

____

____

____

____

3. What might be the consequence of these tendencies? Why are multicultural tendencies, according to Huntington, endangering the American and European culture?

____

____

____

____

4. Huntington contrasts the "multicultural trend" (p. 130, l. 7) of the second half of the 20th century with the attitude of the Founding Fathers. Give an outline of his argumentation.

____

____

____

____

2. antisocial behaviour, family decay, decline in social capital, weak or non-existent work-ethic, me-first cult, less commitment to learning

3.
- weakening of the West gives rise to (moral) superiority of the East
- challenge from within Western society: immigrants rejecting assimilation and propagating values of their home countries
- more immediate and dangerous challenge: long-term threat to Western civilization
- **United States:** if assimilation fails, divided country with internal strife; disunion
- **Europe:** undermined by weakening of Christianity and indifference towards religion although Christian concepts pervade European civilization

4.
- **American national identity** } defined culturally: Western civilization; defined politically: American Creed
- multiculturalism seen as an "onslaught" on US identification with Western civilization; denial of common American culture and promotion of various racial, ethnic, national, cultural identities
- multiculturalism as denouncement of eurocentrism and redemption from non-Western cultures
- encouragement of diversity rather than unity – contrary to the past: Founding Fathers with their motto of "e pluribus unum" (p. 130, l. 12f.)
- creation of "schizophrenic torn countries" (p. 130, l. 32), a country of many civilizations lacking a cultural core

Abschließend organisieren die Schülerinnen und Schüler eine Diskussion über den letzten Satz von Huntingtons Text. In arbeitsteiliger Gruppenarbeit sammeln sie zunächst Argumente, Belege, Beispiele und weiterführende Informationen. Eine Gruppe bereitet die Moderation der Diskussion vor.

Organize a debate: "A multicivilizational United States will not be the United States; it will be the United Nations." What's wrong with that?
Participants' role: noting points for discussion, examples, arguments, historical development, quotations from literary texts or films, pictures to illustrate your point – looking for examples in your immediate environment (in your hometown, your country), updating the information with latest developments ...
Moderator's role: welcoming the audience and the participants, introducing the topic and the participants, moderating the debate, linking the contributions, making sure that a balance of contributions is maintained, closing the debate, thanking the participants and the audience (for more information, see: Klaus Hinz (Hg.): *Power Pack English. Project-oriented methods for advanced learners,* Paderborn: Schöningh 2005, p. 103ff.)

Anhang

Filme

- Kevin Costner, *Dances with Wolves*, DVD, 224 Min., USA 1990
- Robert Mulligan, *To Kill a Mockingbird*, DVD, 129 Min., USA 1962
- Marvin J. Chomsky et al., *Roots*, DVD, 573 Min., USA 1977
- Scott Hicks, *Snow Falling on Cedars*, DVD, 127 Min., USA 1999

Bildnachweis

S. 3: © Luise Kött-Gärtner: „Sehnsucht"; S. 28 l.: © Amy Toensing/Kontributor/Getty Images; S. 28 r.: © picture-alliance/dpa; S. 42: Courtesy of the Burton Historical Collection, Detroit Public Library, © 1999; S. 48 o.: akg-images/© VG Bild-Kunst, Bonn 2007; S. 48 M.: © bridgemanart.com; S. 48 u.: © Jeff Greenberg/Peter Arnold; S. 98: © Jeff Greenberg/Peter Arnold

Sollte trotz aller Bemühungen um korrekte Urheberangaben ein Irrtum unterlaufen sein, bitten wir darum, sich mit dem Verlag in Verbindung zu setzen, damit wir eventuell erforderliche Korrekturen vornehmen können.

EinFach Englisch

Unterrichtsmodelle

Herausgegeben von Hans Kröger

Ausgewählte Titel der Reihe:

Bend it Like Beckham
Filmanalyse
86 S., DIN A4, geh. Best.-Nr. 041212

Cultures in Conflict?
Literature on Ethnic Relationships
115 S., DIN A4, kart. Best.-Nr. 041220
Audio-CD: ca. 74 Min. Best.-Nr. 062407
Textausgabe: 148 S. Best.-Nr. 041218

Dead Poets Society
Filmanalyse
67 S., DIN A4, geh. Best.-Nr. 041255

East is East
Filmanalyse
102 S., DIN A4, geh. Best.-Nr. 041228

Echoes of the Empire. The Mixed Voices of a Colonial Past
20th Century English Short Stories
119 S., DIN A4, kart. Best.-Nr. 041223
Audio-CD: 78 Min. Best.-Nr. 062405
Textausgabe: 168 S. Best.-Nr. 041224

Forrest Gump
Filmanalyse
66 S., DIN A4, geh. Best.-Nr. 041231

Fried Green Tomatoes
Filmanalyse
136 S., DIN A4, kart. Best.-Nr. 041244

Poetry
104 S., DIN A4, kart. Best.-Nr. 041227

Political Speeches
Historical & Topical Issues
127 S., DIN A4, kart. Best.-Nr. 041236
Audio-CD: 70 Min. Best.-Nr. 062409
Textausgabe: 132 S. Best.-Nr. 041234

Rabbit-Proof Fence
Filmanalyse
54 S., DIN A4, geh. Best.-Nr. 041240

Tennessee Williams: A Streetcar Named Desire
90 S., DIN A4, geh. Best.-Nr. 041238

Strange Fruit and Other Songs
Cries for Social Consciousness and Civil Rights
59 S., mit Audio-CD,
DIN A4, geh. Best.-Nr. 041246

Urban Poetry
84 S., DIN A4, geh. Best.-Nr. 041232
Audio-CD: ca. 25 Min. Best.-Nr. 062413

Utopia and Dystopia
Exploring Alternative Worlds
92 S., DIN A4, kart. Best.-Nr. 041204
Textausgabe: 92 S. Best.-Nr. 041202

Paul Auster: Moon Palace
76 S., DIN A4, geh. Best.-Nr. 041226

Ray Bradbury: Fahrenheit 451
72 S., DIN A4, geh. Best.-Nr. 041214

Mark Haddon: The Curious Incident of the Dog in the Night-Time
99 S., DIN A4, kart. Best.-Nr. 041252

Lorraine Hansberry: A Raisin in the Sun
98 S., DIN A4, kart. Best.-Nr. 041241

Nick Hornby: About a Boy
inkl. Filmanalyse
93 S., DIN A4, kart. Best.-Nr. 041245

Aldous Huxley: Brave New World
93 S., DIN A4, kart. Best.-Nr. 041249

Ruth Prawer Jhabvala: Heat and Dust
87 S., DIN A4, geh. Best.-Nr. 041199

Harper Lee: To Kill a Mockingbird
108 S., DIN A4, kart. Best.-Nr. 041213

Ian McEwan: The Cement Garden
55 S., DIN A4, geh. Best.-Nr. 041251

Joyce Carol Oates: Big Mouth & Ugly Girl
84 S., DIN A4, geh. Best.-Nr. 041233

Meg Rosoff: How I Live Now
106 S., DIN A4, kart. Best.-Nr. 041253